特別支援教育が
専門の学校心理士SV
だから知っている

山内康彦

改訂新版

特別支援が必要な子どもの進路の話

WAVE出版

はじめに

私は、北海道から沖縄まで、年間一〇〇回を超える講演会・研修会講師をしています。

講演会で寄せられる保護者からの進路や就労の相談には、「高校に行かせたい」とか、「支援学校と支援級のどちらがよいか」「将来どんな就労が可能なのか」など、いろいろありますが、すべての保護者の究極の思いは、親が先に死んだ後、わが子がどうなるかということ。

つまり、「親が死んだ後でも、子どもがしっかり一人で自立して生きていけるかどうか」を心配されているのですね。

かつて教師をしていたので、私にはいろいろな進路を歩んだ教え子がいます。

特別支援学校（心身に障害のある児童・生徒が通う学校で、小学部・中学部・高等部等がある）に進んで、ちゃんと就労し、結婚して、自立している生徒もいれば、高校へ進学したけれど、引きこもりになった子もいます。定時制などの高校を出てから大学に進学し、立派に生活を営んでいる子もいます。

何が言いたいかというと、特別支援学校がよくないとか、高卒や大卒がよいとか、そういうことではありません。

最も大切なのは、その子に合った進学や就労、生活を考えること。それが大事なのです。

本書では、いくつかの進路について紹介いたします。思い込みや先入観を外し、「お子さんに合った進路は何なのか」を発見するきっかけとなればと思っています。

ただ、特別支援における教育・福祉環境や進路先というのは、各都道府県や市町村によってずいぶんと差があります。

私が居住する岐阜県ではこうだけど、神奈川県では違うとか、そうした地域差が存在します（たとえば、「療育手帳の発行基準」や「放課後等デイサービスの受給日数」「通級の設置数」「高等特別支援学校の設置数」「特別支援学級内の教育環境」などなど）。

大切なのは、保護者の皆さんが住んでいる各地域の都道府県や教育委員会の支援のあり方がどうなのか、それを早く確かめること。それがとても重要です。

残念ながら、行政側や学校から、積極的に有益な情報を知らせてくることはありません。こちらから担当部署や担当者に問い合わせ、尋ねることで初めて応えてくれるのが行政や学校なのです。

保護者の皆さんはよく、進路について「知らなかった」「教えてもらえなかった」とおっしゃいます。定型発達の子、すなわち発達障害でない子はそれでもよいのです。中学三年生になってから、慌てて進路を考えても十分に間に合うのです。

それはなぜか。

環境に適応する力や学力を十分にもっているからです。

ところが、特別支援が必要な子どもというのは、力をもっていても身につくのに時間がかかる。だからこそ、少しでも早く、小学校に入る前、あるいは小学校のうちから「この子の将来はどうすべきか」「どんな力を身につけさせればよいのか」「どんな進路にしていくのか」を考えていかなければいけないのです。

定型発達の子どもとは違って、中学三年生になってから進路を考えていては遅いのです。

この本を参考にして、早期からお子さんの未来について考えていただけるきっかけになるとよいと思っています。

はじめに　3

第1章　一八歳の出口から今の進路や療育を考える　13

〝今の教育・療育〟を重視する落とし穴　14
私が体験した〝落とし穴〟事例　その一　16
私が体験した〝落とし穴〟事例　その二　18
高等学校（特別支援学校高等部）卒業後から〝今の教育・療育〟を考える必要性　20
「障害者として生きる」のか「健常者として生きる」のか　21
障害者手帳の種類とは　24
障害者手帳が外れるケースとその後の対応　26
障害者手帳取得のメリットとデメリットは何か　30

特別支援学校の高等部を卒業しても、就労できるのは三人に一人 33
高校（高等部）卒業後に活用できる「就労移行支援事業」と「就労定着支援事業」 37
自立して生きていくために必要な力は何か？ 42
社会性がわかる「S－M社会生活能力検査」 45

第2章 中学校時代から高校までの進路を考える 51

中卒で社会に出る子どもはほとんどいない 52
「特別支援学校高等部」か？ それとも「高等学校」進学か？ 53
進路選びの七つのポイント 58
「普通の特別支援学校高等部」に進学するという道 64
「高等特別支援学校」に進学するという道 68
「通常の高等学校」に進学するという道 73

中学校から通常の学級へ、は危険が多い 76
「特別な高等学校」に進学するという道 78
「特別な高校」にも個性がある 83
大人気の「通信制サポート高校」とは何か？ 84
公立学校も特別支援への対応を重視してきている 87
〝明るい見通し〟が自己肯定感を高める 90

第3章 小学校時代から中学校までの進路を考える 93

中学校（中学部）卒業後の進路を見据えることの重要性 94
中学から特別支援「学級」を選択するメリットとデメリット 97
中学から特別支援「学校」を選択するメリットとデメリット 98
中学校で通常の学級にしなくてはいけない理由 99

どのように「内申書」は付けられるのか？ 101
特別支援学級には、「知的学級」と「自閉・情緒学級」の大きく二つがある 107
私立中学校へ行くメリットとデメリット 111
チームを組んで話し合いを進めることの重要性 113

第4章 幼・保卒園時代から小学校までの進路を考える 117

通常の小学校と特別支援学校小学部の違いは何か？ 118
特別支援学級と「通級」、そして通常の学級の違いは何か？ 125
将来を見据えた「個別支援計画」の重要性 128
〝原則だけで判断しない〟で、実際の学校の状況を事前に確認しておく 133
通常の学級から特別支援学級へ替わるということ 136
特別支援学級から通常の学級へ替わるタイミングとポイント 138

子どもへの告知の仕方とタイミング　140

第5章　未就学期に考えておくこと・取り組んでおくこと　145

「継続的な療育」の準備を早期からしておくことの重要性　146
「医療プラス教育」に福祉の力もフル活用するメリット　148
子どもたちの実態を知る検査の種類とその活用方法　152
幼稚園・保育園の選び方と連携のあり方　155
日々、家庭でできる簡単な療育　156
「やりなさい」ではなく「一緒にやろう」という子育て　157
園長先生に依頼して小学校へ手紙を書いてもらう有効性　159
入学式と始業式の練習の依頼　163

第6章　子どもたちに学力と社会性を身につけさせる工夫（療育教材の紹介）　165
「すらら」学習支援システム　166
「脳機能バランサー」を使ったアセスメントと訓練　168
「VRエモウ」を使ったSST　170
「ステムボックス」のプログラミング学習の活用　171
付録　高等特別支援学校の入試問題　175
おわりに　200

第1章

一八歳の出口から今の進路や療育を考える

“今の教育・療育”を重視する落とし穴

お子さんが幼稚園、そして小学校に入ると、先生方は「今が大事、今が大事なんですよ。お母さん」と言います。

確かにその通り。今できないことをできるようにすることは、非常に大事なことです。

ですが、本当に大切なのはお子さんの将来、進路を見据えて、今、何をするかなんですね。

この発想が学校や先生には少ない。幼稚園や学校がやっていることは「今」。「今」のこと中心。

では、どうして幼稚園や小学校の先生が、今のことを中心に目を向けているのか。

それには理由があるのです。毎年のように、担任が替わるからです。

通常の学級はもちろん、特別支援学級であっても、数年で異動や転勤があります。特別支援学校（心身に障害のある児童・生徒が通う学校で、小学部・中学部・高等部等がある）ですら、毎年担任が替わってしまうことが多い。

保護者の皆さん、こんなことありませんか？

「うわぁ、素敵な先生が担任になった。来年も再来年も同じ担任でいてほしいなぁ」

けれど、先生には必ず転勤や異動があります。

「お子さんのことはしっかり後任に引き継ぎますよ」と言いながら、実際はほとんど引き継がれていない。お母さんは新しい担任の先生にまた同じ説明をすることになる。

残念ながら、今の学校には引き継ぎに限界があるのです。

転勤や異動が多い中で、子どもの将来を見据えた、継続した教育・療育の引き継ぎが保護者の皆さんが期待するほどしっかりと行なわれていないことは、仕方のないことなのです。

つまり、先生が自身に責任があると感じているのは、担任している間だけなのです。

高校進学や就労について、早くから言われても、先生自身が責任をもつことができない。責任がもてないことを「お母さん、こうしたほうがいいですよ」なんて言えませんよね。

だから、先生は、「自分が担任している間、自分が責任をもてる間に何ができるのか。どんな力をつけていくのか」を中心に向かわざるを得ない。その結果、目先の支援が優先されてしまうわけなのです。つまり、一年限りの短期的な視点の進路指導中心になってしまうのです。

ですから、絶対に先生を責めてはいけません。責めても解決できないのです。

こういう背景があることを保護者の皆さんには知ってほしいのです。

保護者の皆さんが、担任が替わったとしても、子どもの将来を見据え、何が大切なのかを早期からしっかり考えていくことが非常に重要なのです。

私が体験した〝落とし穴〟事例　その一

私はこれまで、数千人の相談を受けてきましたが、その中で、こんな事例がありました。

小学校の通常の学級に在籍する児童でしたが、なかなか授業についていけない。

友人、仲間関係もうまくできないということで、特別支援学級に行くことになりました。

確かに、知的な遅れはあるものの、それほど大きな遅れは見当たらない。

けれど、通常の学級においては、宿題ができないし、集団行動もとれない。

そのため、発達検査を行ない、特別支援学級に行くことになったのです。

それはそれで悪いことではないのですが、ところがです。

この子が、中学校に進んだ時点で、療育手帳、すなわち障害者手帳が取得できないということがわかったのです（知的な遅れは少しあっても手帳が出るほどではないと判定された）。

後述しますが、今は障害者手帳がないと特別支援学校に入れないところがほとんどです。

昔は定員に空きがあったので、手帳がなくても容易に入れたのですが。

それが、今は特別支援学校の受け入れに空きがない状況なので、障害者手帳を持っていないと原則支援学校に入学できなくなっています（※精神手帳では入学できない学校も多いので確認が必要です）。

この生徒の場合、知的な障害はあるけれど、障害者手帳を持つまではない。

その結果、障害者手帳がないから、中学校を卒業した後に特別支援学校に行けない。

また、これまで特別支援学級でゆっくり勉強してきたから、高校に進学する学力もない。

つまり、特別支援学校はおろか、高校にも行けない。進路先を失うことになったのです。

「じゃあ、うちの子どうしたらよいのですか？」とお母さん。

「ここならあります」と紹介されたのが、地域で定員割れした、いわゆる「底辺校」でした。

まったく人気のない、名前を書ければ入れるという高校。そこしかなかったのです。

今、中卒で社会に出て働こうと思っても、正社員として働ける仕事はほとんどありません。

結局、その生徒はその底辺校の高校に入学しましたが、学校の仲間は劣悪。

しかも、勉強についていけない。

それで、わずか半年で退学してフリーター、その後、引きこもりになってしまいました。

これが、日本全国で何百万人もいる引きこもりやニートたちに多いパターンのひとつです。

極端な表現かもしれませんが、障害が重い子はまだいいんです。特別支援学校があるから。

知的に高い子はいいんです。高校があるから。

その中間である〝グレーゾーン〟の子たちの行き場がない、というのが目下の課題なのです。

私が体験した〝落とし穴〟事例　その二

続いて、こんなケースもありました。

小学校入学時、教育委員会の担当者から、「発達の課題があるので、無理して通常の学級に入れるとお子さんがかわいそう。まずは特別支援学級でスタートして、その後に通常の学級に戻したらどうですか？　この子のために特別支援学級も新設します」とアドバイスをされた。

お母さんも「そうですね」と納得し、小学校一年生を特別支援学級でスタートさせました。

ところが、入学してからびっくり。通常の学級との交流が、まったくないことがわかった。

この件の相談を受けた私は、保護者とともに、学校に事情を聴きに行きました。

すると、校長先生がこう話したのです。

「通常の学級の保護者から、『なぜ、支援学級の子が来るんだ、通常の学級の勉強の迷惑になるじゃないか、支援学級との交流は止めてくれ』との要望が多く寄せられたからです」

粘り強い話し合いの中で、二年生からは交流がスタートするということで解決はしましたが、このまま放置されていたら、どうなっていたかと思うと今でも恐ろしいです。

また、この学校の特別支援学級は「知的学級」と「自閉・情緒学級」の混在クラスでした。そもそも特別支援学級は、その子に合わせて学習をすすめていく「知的学級」と知的な課題が少ない「自閉・情緒学級」は原則、別々の教室にしなければならないはずなのですが。

皆さん、わかりますよね。

勉強が苦手な子と勉強は苦手じゃないけれど情緒に問題のある子が一緒になれば、勉強は当然、知的に課題がある子に合わせて遅くなり、遅れていきます。

そして、学校側で通常の学級に戻そうとする動きがないまま、ズルズルと特別支援学級に在籍し続ければ、学力は遅れ、通常の学級に戻れないくらいの学力差がついてしまう。

さらに、入学したときに通常の学級に戻すことを提案してくれた先生や担当者は、この子が通常の学級に戻る頃には転勤でもういない。今後、約束したことを履行し、通常の学級に戻す努力をしてくれるのかどうかはわからない。

こんなことにならないように、入学前にしっかり確認し、入学しなければなりません。

「無理せずに、特別支援学級からスタートしたほうがよい」との助言は正解です。

でも、入学してみたら話が違う。

また、担当する先生が転勤や異動で替わっていく中、その約束が続かないという危険性。

こういうことが起きてくるのです。

ですから、今、現在だけで子どもの進路を考えることは危険。今だけじゃない、その先を考え、その後の教育計画（個別の支援計画）を立てる必要があるのです。そして、毎年、担任（管理職も）と保護者で、その進捗状況をチェックする必要があるのです。

高等学校（特別支援学校高等部）卒業後から"今の教育・療育"を考える必要性

お子さんの今、現在だけで進路を判断しては危険であると述べてきましたが、社会に出ていくのは、一八歳を過ぎてからというケースが多いですね。

そこで私は、「出口」となる、高校（特別支援学校高等部）を卒業するところから今の進路を考えていく必要性があると考えます。

つまり、高校卒業後を視野に入れて、今の教育、療育を考える。最後の「出口」から逆算して、今をどうしていくのかを考える。

これがこの本でお伝えしたい一貫したテーマです。

わかりやすく、付き合う彼氏、彼女で考えてみましょう。

結婚を前提に付き合う相手と、そうでない相手との場合では、相手へのお弁当からプレゼント選び、デート先まで違いませんか？

そう、付き合う前提、目的が違えば、今の付き合い方も変わるということです。

たとえが極端かもしれませんが。

また、大人というと二〇歳をイメージします。

しかし私は、実質的には、高校（特別支援学校高等部）を卒業した一八歳以降が〝大人〟であると考えています。選挙権も一八歳からに変わりました。

だから本書では、一八歳の出口、進路をどうするのかということを起点に、これから解説していきたいと思います。

「障害者として生きる」のか「健常者として生きる」のか

まずは、皆さんのお子さんの一八歳、出口からスタートして考えましょう。

次ページの図1をご覧ください
人は一八歳になると、大きく二つの生き方を選択することになります。

「障害者として生きていく」のか、それとも「健常者として生きていく」かの選択です。

障害者として生きるということは、障害者手帳を持つということです。

多くの人がそうですが、発達障害の診断名があるからといって、障害者ではありません。

図1　自立して生きていける大人になるための進路選択

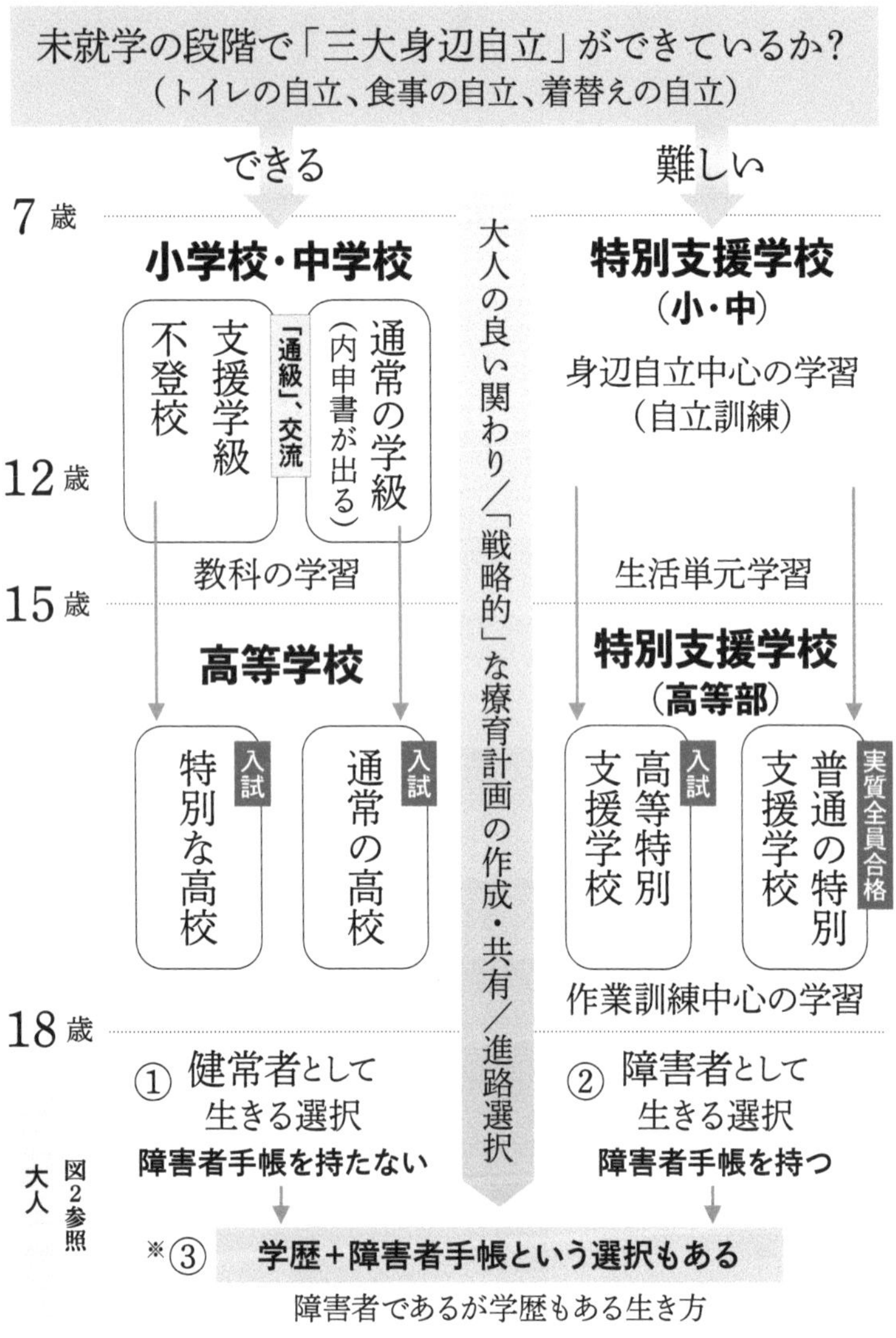

それはなぜか。障害者手帳を持っていないからです。現在、日本の法律では、障害者手帳があるかないかで、障害者か健常者かが分かれます。眼鏡をかけているからといって、視覚障害者ではありませんよね。眼鏡をかけていても、ある一定の基準を超えなければ視覚障害者ではなく、ただ「眼の悪い人」なんです。

発達障害や知的障害もそうです。勉強が苦手な人、情緒が不安定な人がいる中で、ある一線を越えた人だけが障害者手帳を持つ障害者となるわけですね。

現在は、発達障害などの診断名さえあれば、放課後等デイサービスの利用など、様々な福祉サービスが受けられるようになってきていますが、やはり障害者と健常者の明確な境は手帳の有無なのです。

ですから、まず、大きな分岐として、わが子が一八歳を過ぎたとき、障害者手帳があるほうがよいのか、それとも障害者手帳なしで生きていくほうがよいのかを考えなければいけない。

この選択のいかんによって、以降の生き方だけでなく、一八歳になるまでの教育がまったく変わってくるからです。

ただし、レアケースとして、第三の生き方もある。

それは、乙武洋匡さんの生き方です。乙武さんは障害者手帳を持っていますが、大学に進学し、学士を取得、そして、東京都の先生も経験している。

そう、第三の生き方というのは、障害者手帳は持ちながら、健常者と同様に学歴（高卒等）を積むという、「合わせ技」の生き方もあるのですね。

さあ、まずは皆さん考えてみてください。お子さんの一八歳の「出口」を。

目の前のお子さんは、将来、障害者手帳を持ち、障害者として生きていくお子さんですか？

それとも、手帳なしで生きていくお子さんになるのですか？

それとも、障害者手帳と学歴の両方を持って生きていくお子さんになるのですか？

この三つの生き方のどれを選択するかによって、今、現在の教育が大きく変わっていくのです。

まずは、「人生のロケットの着地点と発射角度を明確にする」ことが大切なのです。

障害者手帳の種類とは

皆さん、障害者手帳はどこで申請の手続きをするかご存じですか？

一八歳未満の場合は、児童相談所になります。障害者の認定と虐待を担当しているのが児童相談所なのですね（※各都道府県市町村で名称が違う場合もあります）。

ところが、一八歳を過ぎたら「児童」じゃないですよね。

では、どこへ行くのか。

保健所なのです（※各都道府県市町村で名称が違う場合もあります）。

この情報を皆さん意外と知らないのですが、基礎知識として覚えておいてください。

それでは障害者手帳にはどのような種類があるか。

種類は大きく三つあります。

病気や体の障害がある「身体障害者手帳」、知的な遅れがある「療育手帳」（「愛護手帳」ともいう）、知的な遅れはないけれど、コミュニケーションや人付き合いに障害のある「精神障害者保健福祉手帳」です。

この「身体」と「療育」と「精神」三つのうち、一つでも持っていれば、法的には〝障害者〟扱いになります。

一昔前に一般企業だけでなく、行政の多くも障害者手帳のない人を障害者枠として採用している事実がわかり、問題になりました。

現在は、一定の割合を障害者枠として採用する法律（障害者雇用促進法）ができていますが、ここで明記されている「障害者雇用率（法定雇用率）」に含めるためには、「身体」と「療育」と「精神」三つのどれかの手帳を持っていることが条件で、単に診断名があるだけでは、障害者雇用として認められていないのです。

これらの手帳はいずれも更新があります。更新せずに放置したり、忘れたりすると自動的に手帳の権利・効力は失われます。

詳しくは、担当の行政に問い合わせて聞いてみてください。

障害者手帳が外れるケースとその後の対応

自閉症のお子さんの中には、言葉等の知的な遅れもあるため、未就学時の段階から療育手帳を持っている子が多くいます。

また、ダウン症などのお子さんをもつ保護者の中には、出生時から障害者手帳を申請される方も多くいます。

障害者手帳を取得すると、税金の控除や公共交通機関の割引など様々なサービスが受けられるからです。

しかし、私の経験上、特に自閉症のお子さんの中で、就学前に療育手帳を持っていた子が、小学生から中学生の時期にかけて療育手帳が外れるケースがしばしばあるんです。

たとえば、こんな例。

就学前から、療育手帳があるので、当然、小学校は知的の特別支援学級になる。そして中学校卒業後は、特別支援学校に入学し、障害者就労を目指していたのに、知能指数が上がってしまい。療育手帳が外れてしまった。特別支援学校へ行けなくなってしまった。

一般的に知能指数というのは上がらず、年々差が広がるといわれています。

しかし、私が学校心理士ＳＶ（スーパーバイザー）として何人もの知能検査をしていると、自閉症のお子さんの中には知能指数が上がるケースが多くあるのです。

なぜでしょうか。

そもそも、知能検査というのは、初めての場所で初めて会った人から、初めての内容を質問されて答えるものです。しかも言葉によるやりとりが中心です。

実は、自閉症のお子さんが一番苦手と言われているのが、このことなのですね。

ところが、自閉症のお子さんでも、小学校入学後にいろいろな友だちや先生と出会い、様々な経験を重ねると、徐々にコミュニケーション力や適応力が身についてくる。

つまり、知能が上がったというよりは、人や場、活動に慣れて、知能検査に対応できるようになり、もっていた能力が発揮できるようになっていくと私は考えています。

特に中度や軽度の自閉症のお子さんの知能指数が、一〇～二〇ほど上昇するケースはたくさんあります。

もちろん、今まで行なってきた療育の成果もあるかと思います。

これが、私が経験している中で、手帳の外れる最も多いケースとその理由です。

では、私たちはどのように対応すればよいのでしょうか。

将来、お子さんの手帳が外れる可能性があることも考慮したうえで、進路を考えなくてはいけないということです。

つまり、お子さんは、「一八歳まで手帳を持ち続ける子」なのか、それとも「途中で手帳がなくなる可能性がある子」なのかがポイントとなるのです。

もし、途中で手帳が外れれば、特別支援学校に行けなくなるかもしれない。

以上を考慮したうえで、小学校の段階で特別支援学級（知的・自閉情緒）にするか、通常の学級にするかの判断をしなければならないわけです。

なお、良心的な児童相談所だと、こう教えてくれたりします。

「今回は療育手帳を発行しましたが、次回の更新では手帳が必要なくなるかもしれませんよ」

児童相談所の担当者は知っているんですね。

この子は多分、次回の更新で手帳が外れるのではないか、と。

万が一、特別支援学校入学後に療育手帳が外れてしまったらどうしたらよいのか。

その後、障害者就労ができなくなってしまう……。

ですが、そういうときは精神手帳に切り替えることが比較的容易なのです。

なぜ、それが容易にできるのか。

特別支援学校の生徒の療育手帳が外れ、障害者就労ができなくなってしまったらどうなるか？

就労ができずに自宅生活や生活介護等になりますよね。国は莫大な税金を使って、一生涯その子の面倒をみていかなくてはならなくなる。

ところが、療育手帳の替わりに精神手帳を発行すれば、障害者就労が可能になり、働いてもらえば、国に納税してもらえるわけです。

皆さんが役人だったらどうしますか？

手帳を出さずに、生活保護等の認定をしますか？

それとも、新しく精神手帳を渡して働けるようにしたほうがいいですか？

そう、働いてもらったほうがいいですよね。

だから、比較的容易に療育手帳から精神手帳に切り替えて就労することができるのです。

私は、生活保護が悪いと言っているわけではありません。生活保護を必要としている人は、遠慮せずに申請して活用すべきものと考えています。

しかし、「就労」という出口へ向けて最後まで努力し、考えていくことはとても重要なことであると考えます。

障害者手帳の申請や精神手帳への変更などの問い合わせは、最寄りの児童相談所（※各都道府県市町村で名称が違う場合もあります）に問い合わせてください。

障害者手帳取得のメリットとデメリットは何か

次に、障害者手帳取得のメリットとデメリットについてお伝えしましょう。

障害者手帳があると、公共交通機関の運賃や博物館の入館料などが安くなります。また、税金の控除が受けられますね。

さらに、特別支援学級や特別支援学校の手厚い教育、福祉が受けられます。幼稚園・保育園では、加配の先生をつけてもらうために必要な場合もあります（しかし、現在は、特別支援学校に入学するためには、障害者手帳が必要なところが多く、原則「身体」か「療育」が必要で、「精神」手帳では入学できないところが多いので注意と事前の確認が必要です）。

オマケとしては、ディズニーランドの施設に並ばずに入館できたりします。他にもいろいろな福祉サービスが受けられます。

一方、デメリットは何でしょう。

まず、障害者手帳を持つがゆえに、職業選択や資格取得など、制限が入る場合があることです。

たとえば、警察官や自衛官のような特殊な仕事に就くことが難しい。飛行機のパイロットや電車の運転手など、人命にかかわる仕事に就きにくいなど。障害の種類や程度にもよりますが、昔はダメだったけど今は可能になった職種もあるので、よく調べてください。

他には、保険に入りにくい。当然、障害のリスクをもっていますからね。加入するときは何も言われなくて保険料を支払い続け、保険金を受け取るときになって「告知義務違反」で支払われなかった、というケースを聞くことがあります。

さらに、居住の問題もある。

マンションやアパート、親が生きている間や持ち家があればよいですよ。ところが、障害者手帳を持つ人が独立して賃貸で部屋を借りる際、大家さんの理解が得られない場合がよくあるのです。

こうした偏見や差別は許しがたい問題ですが、結婚する際にものしかかってくる。「私は自閉症の傾向があります」「私は読み書きが苦手です」「私は落ち着きがないです」

そんな人は世の中にたくさんいます。

でも、「障害者手帳を持っています」と言うと、相手の両親も考えてしまうのですね。

先述のように「診断名がある」のと「障害者手帳を持っている」のか。その重みの違いです。

世の中に眼鏡をかけている人なんていくらでもいる。

でも、視覚障害者と言われてしまうと、少し構えてしまうのが現実なんですね。

つまり、障害者手帳を持つかどうかというのは、ある意味で「一線を越える」こと。大きなサービスを享受できる代わりに、一方でデメリットもあるということなのです。

単に、税金控除があるとか、割引があるからと軽い気持ちで取得すると、後々とんでもないことが起きる可能性があることも知っておいてください。

進路と同様に、「将来を見据えて障害者手帳の取得の有無を考える」のは、非常に重要なことなのです。

特別支援学校の高等部を卒業しても、就労できるのは三人に一人

高校のパンフレットやホームページを見ると、過去三年間の進学実績が載っています。国立大学や私立大学に何人合格したとか、専門学校には何人とか。

必ずと言ってよいほど、一般に公表していますよね。

ところが、特別支援学校高等部卒業後の進学実績や就労実績を探してもほとんど見つけることができません。掲載や公表している学校は残念ながら、ほぼありません。

なぜだかわかりますか？

卒業生の厳しい現実があるために公表できないのです。私はそう考えています。

〇〇大学何人、〇〇専門学校何人などは、進学実績が多くあるから公表できるのであって、進学や就職実績に乏しければ公表しにくいのです。

ここで、中京圏にある某特別支援学校高等部の例を紹介しましょう。

この学校は、皆さんの地域にもある、ごく一般的な特別支援学校の高等部です。

ある年の八〇人の卒業後の進学先を入手したところ、なんと八〇人の卒業生のうちで三六

人が生活介護。つまり、卒業後に働かない子になっていた。

約半数の子が働けていないことになる。

しかも、約半数が「働いている」といっても、そのほとんどが作業所等の福祉就労です。

たとえば、一カ月働いて収入は五〇〇〇円～数万円とか……。

そう、保護者の皆さんが満足できるのは、そんな働き方ではありませんよね。

一カ月働いたら、一〇万円～一五万円くらいの手取りは受け取ってほしいはずです。

せめて、給料日には回転寿司、年に一～二回ぐらいはディズニーランドやUSJに行ける
ような、一人で自立して生きていけるような給料がもらえるようにと願われているはずです。

が、それは現実的に非常に難しいのです。

私は、その支援学校高等部三年生の先生に尋ねました。

八〇人の卒業生の中で、給料が一五万円程度受け取れる、「一般就労」ができた子は何人
いますかと。

皆さん、何人いると思いますか？

一〇人？　一五人？　二〇人？

正解はたった、五人です。

ところが、その先生は自慢して言いました。

「五人は過去一〇年間で最高記録でしたよ」と。

例年通りなら三人程度だそうです。

さらに、私は、こう質問しました。

「去年は何人でしたか？」

コロナの影響もあり、なんと一人だけだったそうです。

おおよそ、一〇〇人に一人しか、一五万円以上もらえる就職ができていないのが現実なのです。


これで皆さん、おわかりですよね。

特別支援学校に行けば、働く場所を紹介してもらえるというのは夢物語です。

今は、特別支援学校も就労募集が少なく、ほとんどが賃金の安い福祉就労です。

もし親が、「もっと給料がよいところに勤めさせたいんです」なんて言おうものなら、「じゃあ、お母さん、ご自分で探してください」と返されてしまうのです。

「特別支援学校に入学して任せていたら大丈夫」。そんなことを思っていてはダメなのです。

全国の特別支援学校中等部の進学率（二〇一六年）は九八・三％です。

特別支援学校の中学部に在籍する子のほとんどが高等部に進学します。

なぜでしょう?

今、中卒で働ける場所が少ないんですね。

あったとしてもフリーター、アルバイトなどの非正規雇用。

親が安心できる、「親亡き後も一人で自立して生きていくための就労」を目指すのであれば、非正規雇用では、非常に難しいのです。

残念ながら現在では、正規雇用は中卒では、ほとんど見つけることができません。ましてや「一五歳の段階での障害者就労」といえば、なおさらです。

だから、九九%近い子どもたちが支援学校の高等部に進むのです。

先ほど紹介した、某特別支援学校高等部は、約半数の卒業生がなんらかの就労ができていました。

では、なぜそれが公表できるのか。

全国の特別支援学校高等部の就職率の平均は三二・三%ですから、この特別支援学校高等部は、ものすごく優秀であるからなのです。

通常の特別支援学校はなんと、三人に一人しか就職できていない。

とはいえ、「三人に一人働けている」からといっても、十分な給料をもらえている人はごくわずかです。

現実には、「授産所や作業所」など、一カ月に数千円から多くても数万円という安い賃金で働いている障害者の皆さんが多いのです。

だからこそ、将来の進路を見据え、早期から何をするのかを考えていく必要がある。「特別支援学級や特別支援学校に入りさえすれば将来は何とかなる」という考え方では甘いということを、私はお伝えしたいのです。

高校（高等部）卒業後に活用できる「就労移行支援事業」と「就労定着支援事業」

ここでは、高校や特別支援学校高等部の卒業後の進路についてお話しします。

高校や特別支援学校高等部を卒業して、進学、あるいは就労できればよいのですが、保護者の皆さんが一番案ずるのは、わが子が卒業したものの、一八歳以降にどこにも進学も就職もできない、そのまま自宅生活や生活介護になってしまうことではないでしょうか。

こういう状態をできるなら避けたいわけですよね。

そこで、読者の皆さんに有益な情報をお知らせします。

「就労移行支援事業」という国の支援制度があるのです（次ページの図2参照）。

この事業は、「障害者総合支援法」に基づく就労支援サービスのひとつです。

図2 自立して生きていける大人になれるか

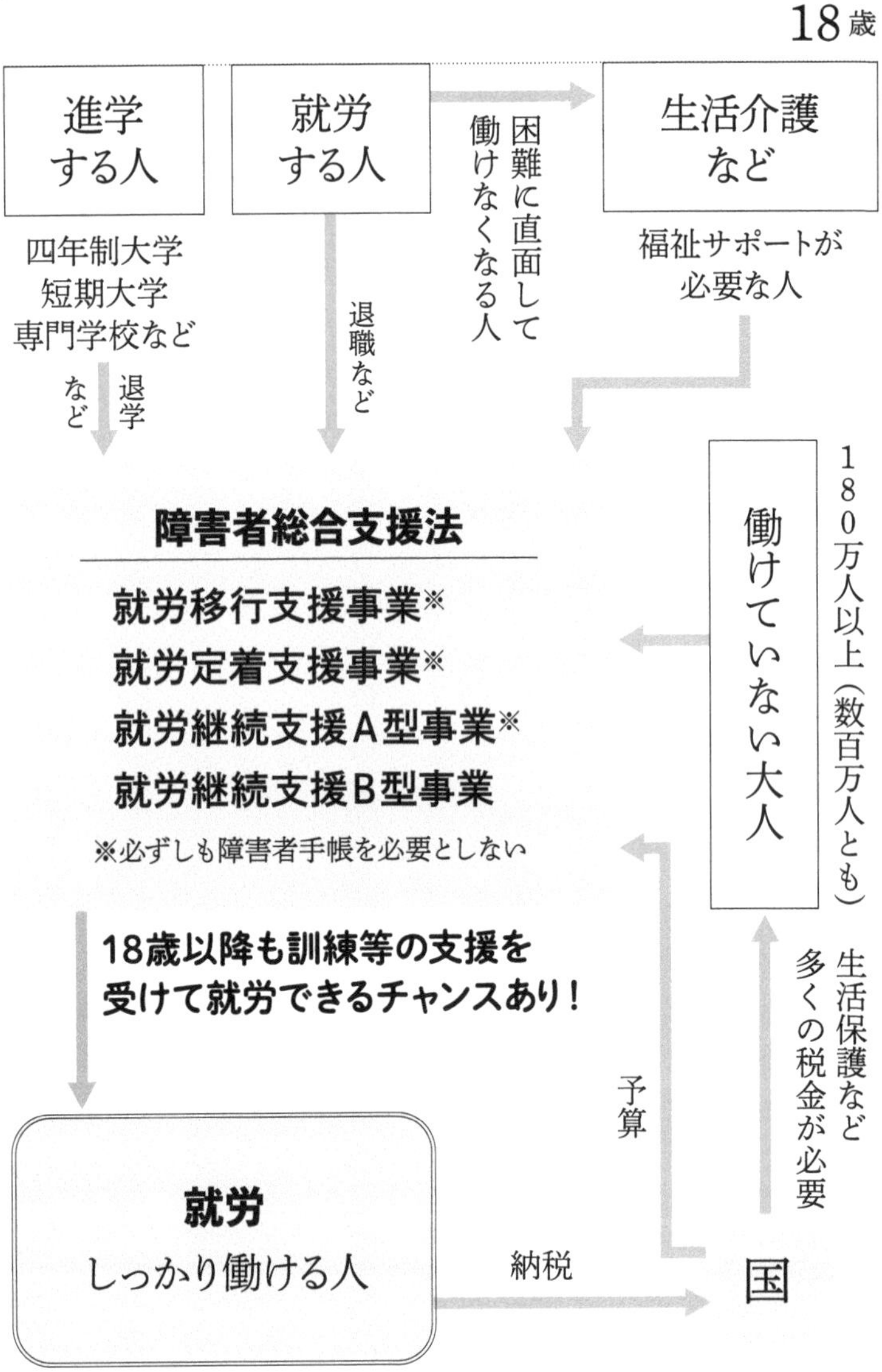

一般企業への就職を目指す障害のある人（六五歳未満）を対象に、障害者の社会参加をサポートし、二年間の就労支援訓練をして、働けていない人たちを働けるようにするすばらしい事業です。

はっきり言って、学校の先生は、担当している学校を卒業させるのが究極的な目的です。就職場所を見つけるのは先生方の専門ではありません。

ところが、就労移行支援事業を運営する施設は、働けていない人を訓練して就労させることが目的であるために、一生懸命にその人に合った仕事を探してくれるのです。また、その人に合った就労訓練も行なってくれるのです。

対象の人が入ってきた瞬間から、この人はどんな訓練をすればどんなところに就職できるのかを考えて、就職に必要な知識やスキル向上のためのサポートをしてくれる。職業訓練と仕事を斡旋してくれるのが、就労移行支援事業なんですね。

皆さん、もうおわかりですよね。

なぜこの事業に国が力を入れているか。

働いていない人の残り六〇年の人生が生活保護となってしまったら、何千万円、いや億のお金をつぎ込まなくてはなりません。

でも、就労移行支援事業を通じて働くようになれば、納税者になってくれる。

そう、早い段階で働けるようにしたほうが、よっぽど税金がかからないのです。

いわゆる「費用対効果」というものです。

もう障害者に対してお金をばらまく福祉対策は終わりました。その予算もありません。

だから、日本は働けていない子たちを働けるようにする「就労移行支援事業」に力を入れているのですね。本当にすばらしい事業です。


だいたい一七歳ぐらいになると、わかってくるものですよね。

わが子はあと一年ぐらいで働けるようになるかどうか。進学できる場所はあるのか。

そこで決めるんです。

あと一年では難しいなと思ったら、すぐに就労移行支援事業所を探すのです。

たとえば、「岐阜県　就労移行支援事業所」、「神奈川県　就労移行支援事業所」とインターネットで検索すると、三〇件以上はヒットします。

ただし、就労移行支援事業所といっても、農業をやっている事業所、パンやクッキーを作っている事業所、知的障害者のための事業所、精神障害者のための事業所など、それぞれ特徴があります。ラーメン屋と同じで味噌ラーメン専門店、横浜家系ラーメン、博多とんこつラーメン、まぜそば専門店など看板メニューが違うわけですね。

単に、近所の就労移行支援事業所を探せばよいのではなく、放課後等デイサービス（児童福祉法に基づき、小学生から高校生までの療育の福祉サービス）と同様、「その子の特性に合った就労移行支援事業所を選んで入れる」ことが大切です。

ですから一七歳になったとき、「あ、うちの子、このままだとまずい。働けない。行く先がない」と気づいたら、いち早くこの「就労移行支援事業所」を探してみてください。

ところで、日本の就労を支援する制度には、さらにすばらしい制度があります。

就労移行支援事業所で訓練を受けて、働けるようになったにもかかわらず、就職先を辞めて帰ってきてしまうケースが出てきたのです。

そこで、国が次に手を打ったのが、「就労定着支援事業」です。

これは何かというと、子どもが仕事を辞めて帰ってこないよう、親代わりになってその子をサポートしてくれる人を置いてくれる。そう、ジョブ・コーチのような。

その子がしっかりと仕事内容を覚え、社員やお客さんとトラブルなく、うまくやれるように支援をする。そして、仕事が身につき、定着できたら、役割を終えて去っていく。

そこまで国は、予算を出しているんです。

だから、万が一、わが子が一八歳になっても働けそうにない、なんて諦めてはダメです。

まずは就労移行支援事業所で、働くチャンスを作ってみる。こういう発想が大事なのです。

それに加えて、安心してほしい点があります。

就労移行支援事業所は、障害者手帳が必要というわけではありません。

その子の特性として「診断」があれば、利用することが可能なのです。

そういう意味で、放課後等児童デイサービス事業や児童発達支援事業と同じです。福祉サービスの中には、障害者手帳がなくても、受けられるサービスも多く存在するのです。

また、就労移行支援事業や就労定着支援事業は、大学を卒業した人でも利用できます。

時々いますよね。大学は出たけれど、発達障害で職場に定着しない、できない人が。そんなケースでも利用できます。学歴は関係ありません。

とにかく働けていない子たちを働けるようにする、そんなすばらしい事業を国は用意しているのですね。

詳しくは、皆さんのお住まいの各市町村の「障害福祉課」等に問い合わせてみてください。

こちらから問い合わせれば、様々な情報をゲットすることができるはずです。

自立して生きていくために必要な力は何か?

私がなぜ、そんなに働かせたいと思っているのか。

私が尊敬する偉大な先人の一人である日本理化学工業株式会社の故・大山泰弘会長は、「人間は働くことで幸せになれる」と言っています。

働くことは、人から期待され、喜ばれて、報酬を受け取る。

そう、生き甲斐が得られる。賃金だけじゃないんです。

放っておいても通帳にお金が入ってくるという生活ではなく、自分なりに生きて、貢献して、喜ばれ、収入がある。働く場所はどこでもいい。賃金は少しでも高いことに越したことはないけれど、「人として喜びをもって生きていく子になってほしい」。私はそういう教育を子どもたちに提供したいと常に考えているのです。

この願いはきっと私だけではないはずです。国、親の願いであり、子ども自身の願いでもあるのではないでしょうか。

では、子どもが自立して生きていくためにはどんな力が必要なのか。

一般には知能（IQ）が高い、学力、学歴が必要だと考える人が多いと思います。

健常の人の場合は確かに、学歴によって収入が変わるというデータもあります。

しかし、特別支援が必要な子は学歴よりも、適応能力や社会性がどれだけ身についているかが重要なのですね。

つまり、「世の中で生きていける力がどれだけあるのか」。これによって就職先、就労環境が変わってくるということを、私は発見したのです。

私は「S-M社会生活能力検査」、もしくは「Vineland-II（ヴァインランド・ツー）」という検査用紙を使いながら、子どもたちの適応能力や社会性を調べているのですが、数千人近くの卒業生を追跡調査した結果、見えてきたことがあります。

それは、「一八歳のときに、七歳の社会性が身についているかどうか」で、働けるか働けないかの大きな分岐点になるということです。

要するに、七歳の社会性があれば働ける、なかったら働けない。

なぜかといいますと、七歳というのは小学校一年生です。

一人で学校に行く準備をして、一人で学校に行きます。提出物を出して、給食当番や係活動もやる。だから、だから、働ける。

だったら、六歳はどうか。

幼稚園や保育園は、送り迎えがあります。先生や周りの大人がいないと、生きていけないのが六歳以下。

つまり、七歳の時点で〝一人である程度やれる〟という区切りになるわけですね。

その後は、九歳、一二歳、一五歳の壁があり、社会性が上がるごとに、給料や就労のレベルも上がっていきます。

たとえば、私の指導経験から、七歳の力で作業所、九歳は就労継続支援B型事業所、一二歳は就労継続支援A型事業所、一五歳で一般就労が可能といった判断をしています。

ちなみに、私の教え子で特別支援学校を卒業した生徒がいるのですが、「S－M社会生活能力検査」のすべての一二九項目が達成できた子は全員、一般就労ができています。

つまり、特別支援学校の生徒が働けるかどうかは、学力ではなく、どれだけ社会性が身についているかなんですね。

そのために私は、この「S－M社会生活能力検査」をベースに、一二九個の社会性が身につくよう、療育の現場、支援協会の施設を通じて、取り組んでいるわけです。

社会性がわかる「S-M社会生活能力検査」

では、「S－M社会生活能力検査」に書かれている社会性とは、具体的になんでしょうか。

全部で一二九項目の内容が次の六領域にまとめられています。

1　身辺自立

2　移動
3　作業
4　意志交換（コミュニケーション）
5　集団参加
6　自己統制
世の中で生きていくために一番大切なのが、「身辺自立」です。自分のことが自分でできるか、それが基本です。

二番目は「移動」です。特別支援学校でも、バス送迎の通学を控えるようになってきました。

それは、なぜか。

送り迎えをしてくれる就労先は、ごくわずかだからです。

しかも、月給一五万円以上をもらおうと思ったら、自力で会社に行ける子でないと、採用してもらえません。

親が先に死ぬのが普通です。ですから、自分のことが自分でできる。自分で会社に行ける。これが、身についたうえで、「どれだけ仕事ができるのか」が問われるのが当然なのです。

勉強や作業ができる前に、お子さんに今一度、確認してほしい。

「朝は自分一人で起きることができますか」

「自分一人でお風呂に入れますか」
「自分で洗濯や掃除ができますか」
「自分で学校へ行く準備ができますか」
「一人で電車やバス、自転車に乗れますか」
「必要な物を一人で買いに行くことができますか」

こうしたことができるかが、何よりも大事なのです。

たとえ、仕事ができたとしても、自分のことが自分でできなくて、迎えに来てくれないと働けない子では、就職が厳しいのです。

私は教師を辞めて大学院に進んだ際、特別支援が必要な子にとって、どんな力が必要なのかについて第一に調べました。

そして、その中で「Vineland-II（ヴァインランド・ツー）」と「S-M社会生活能力検査」の存在を知りました。

その後しばらくして、従業員の七割以上が障害者手帳を持ち、日本のチョークの約八〇％近くを製造している日本理化学工業という会社を知ったのです。

私は、日本理化学工業の故・大山会長の講演を何回も聴きましたが、大山会長は会社の採用条件を次のように話しています。

「ウチの会社は、学力の高い子を採用するわけではない。（採用するのは）身辺自立ができている、自分で会社に通う、やろうと言われたら進んでやる子です……」

これ、「S-M社会生活能力検査」にある領域、前述の「身辺自立」「移動」「作業」と一緒なのです。

つまり、心理学、教育学の中で重視されている「S-M社会生活能力検査」の検査項目と、日本で障害者を安定的に雇用し、高い給料を払っている日本理化学工業の採用条件が一致したわけです。

このことから、私はこの「S-M社会生活能力検査」の内容がどれだけできるかが、着地点であると捉えて療育を進めています。

ちなみに、この「S-M社会生活能力検査」は、〇～九二歳まで判定できる「Vineland-II（ヴァインランド・ツー）」という適応能力を調べる検査の義務教育版なんです。

知能検査と同様、心理士（師）が判定してくれるので、ぜひ、機会があったら、知能検査とあわせ、この検査も受けることをお勧めします。

自分の子どもが、どのくらい適応能力があり、社会性があるのか、どんな力を身につけなければいけないのかを早い段階で調べてもらうとよいと思います。

学力というとテストで比較的簡単に目に見える形にすることができますが、この社会性や適応能力というのは、なかなか目に見える形で評価しにくいものです。

さらに、年々高まっているかどうかを確かめる方法が難しいものです。この検査用紙を使うことで、子どもの成長や療育の成果を確かめることもできます。

子どもの伸びが目に見える形でわかると、教師も保護者も自信をもってその後の支援を行なうこともできます。

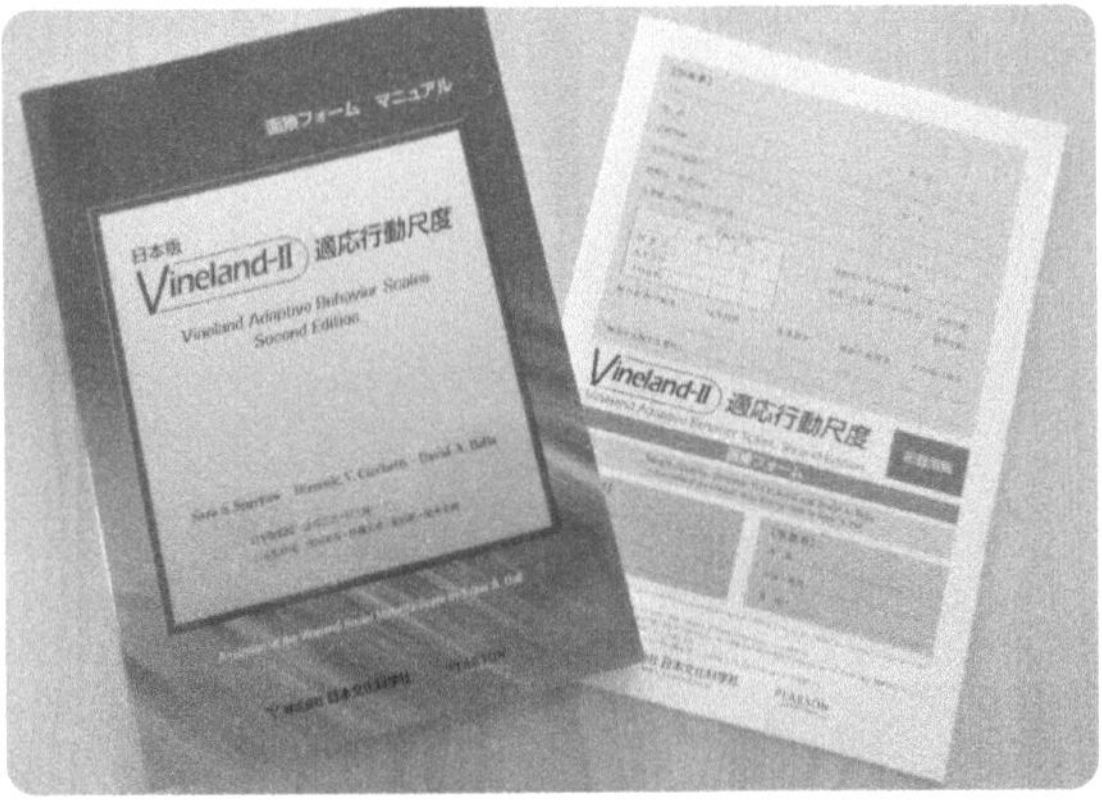

Vineland-Ⅱ検査用紙

S-M社会生活能力検査　検査用紙

第2章

中学校時代から高校までの進路を考える

中卒で社会に出る子どもはほとんどいない

前章で、中学を卒業して社会に出る子どもはほとんどいないと述べました。中学卒業者の進学率（二〇一五年）は、山形県と石川県が九八・九％と最も高く、愛知県が九三・四％と最も低い。全国平均は、九六・六％です。

この数字を見ると、中卒者が意外と多いように見えますが、この中には外国籍の子が多く含まれています。外国籍の子はあまり進学しないのですね。

特別支援学校中等部の進学率（二〇一六年）でも、岐阜県が九八・四％、全国平均は九八・三％になっています。

「中卒生は金の卵」と言われたのは昔の話。

現在は、ほとんどの中学卒業生は進学しているのですね。

中には、一部、家庭の事情や外国籍などで進学しない人もいますが、実際のところ、中卒からの正規雇用は非常に難しいのが現実です。

若いうちはいいんです。フリーターでも、ある程度の収入が見込めますが、三〇歳を過ぎたあたりから正規雇用と非正規雇用の収入の差が大きく開いてくる。

つまり、三〇代後半～四〇歳ぐらいにかけて、収入が大きく変わってくるのです。

三〇代後半になり、同じ職場で同じ仕事をしているのに「あいつはボーナスがもらえて有給休暇もあるのに、俺は〝時給いくら〟なのはおかしい……」。

こういう不満をもってしまうと、働くのをやめてしまう。同じ仕事をしているのに給料が全然違うのは、頭にきますものね。それに昇進も変わってきます。

私は、非正規雇用が絶対ダメだとは言いませんが、〝六〇歳または六五歳まで希望に応じて安定して会社で働く〟ということは、多くの保護者や本人が願っていることと考えています。

「特別支援学校高等部」か？　それとも「高等学校」進学か？

第1章では、手帳を持つかどうかという話をしましたが、障害者手帳を取得した場合は、特別支援学校の高等部に進学するのが一般的です。

それはなぜでしょうか？

障害者手帳を持つということは、障害者として生きることを前提に、よりよい就職ができるように特別支援学校高等部に入学して就労訓練をするということです。

特別支援学校の高等部は大きく分けて二つあります。

それは「普通の特別支援学校」と、「高等特別支援学校」の二つです。

「普通の特別支援学校」の高等部は、入学テストが形式的にありますが、原則、全員合格となり、受験した全員が入学できます（※事前に調査や面接等があるところが多いです）。

「高等特別支援学校」のほうは、特別な選抜試験があり、「学力」はもちろん、「作業」や「面接」等も重視され、選抜され合格した一部の生徒だけが入学できる特別支援学校で、「自力通学できる」ことも条件にされます（※地域によっては、「高等特別支援学校」という学校単位ではなく、通常の特別支援学校の中で「〇〇コース」等のように校内で設置されている都道府県もあります）。

一方、障害者手帳を持たない場合には、高等学校に進学することになります。

一般に公立や私立の高等学校に入学しますが、最近では、特別な高校がたくさん生まれています。その「特別」とは何かというと、特別支援学級から入学ができたり、不登校であっても卒業できたりする、特別な支援がある高校のことです。

ここで、一度、まとめますね。

今、中卒ではなかなか社会に出ることは難しい。中学校（中等部）卒業後の進路は、大きく二つあり、特別支援学校に行くのか、高校に行くのかに分かれます。

そして、特別支援学校には「普通の特別支援学校」と「高等特別支援学校」の二種類があり、高校にも「通常の高校」と「特別な高校」の二種類がある。

つまり、大きくは四つの進路があると思っていただければと思います（22ページの図1参照）。

ここで注意する点があります。

特別支援学校の高等部は、原則として高校卒業資格がありません。

ご存じでしたか？　多くの方が知らないようです。

特別支援学校というのは、学習より、将来一人で生きていくために必要な力が求められるために、学力よりも作業訓練や自立訓練が中心になります。

英語がない学校が多く、国語や数学の学習もほとんどありません。つまり、「高校卒業資格を取得するための単位認定ができない」のです。

文部科学省や教育委員会は、特別支援学校の高等部の卒業証書は、高校の卒業証書と同等であると言っていますが、実際には、同等ではないのが実情です。

「大学の受験資格」があっても入学・卒業は難しく、そして、就職でも、「高卒以上」の条件がある会社などでは採用されないことが多いからです。

そもそも、高卒資格とは、物理や数学や英語といった科目単位を習得するから得られるわけですね。それが特別支援学校高等部では得られないのです。

では、特別支援学校の高等部を選択する目的とはなんでしょうか。

学歴、進学を目指すのではなく、「障害者手帳を使って、より良く働くための職業訓練をする」ところ、それが特別支援学校だと捉えてください。

しかし、例外もあるんです。

たとえば、乙武洋匡さんのように、身体は不自由だけれど知的に遅れがない「肢体クラス」や、白血病やガンなどの病気に罹っていても知的に遅れのない「病弱クラス」の子は特別支援学校の中で数学や物理、英語といった通常の高校の学習をする場所がある。

卒業時には支援学校の卒業証書に加え、「通常の高等学校の学習を終えたことを証明する」と校長印が押された修了書がもらえるんですね。

これがいわゆる高卒認定試験合格（旧大検）と同じ扱いになる。

すなわち、通常の高等学校と同じ学習が可能になるわけですね。

現実的には特別支援学校高等部でも大学についていくことができるのは、あくまで知的障害のない肢体不自由や病弱者、聴覚・視覚障害の子の場合に限られてくるということです。

こうした子たちは特別支援学校に入学するための試験も別枠です。

通常の中学校の勉強で六〇～七〇点程度、取れていないとこのクラスには入れない。「わが子をこのクラスに入れたい」といっても、ある程度の学力がないと入れません。

繰り返しになりますが、特別支援学校の高等部は原則、障害者として、「よりよい就労先を見つけるための就職訓練の場」であり、原則として高卒資格は得られないということを覚えておいてください。

一方、高等学校卒業の場合は、通信制であろうが、夜間であろうが、単位制であろうが、「高卒としての資格」が得られます。

保護者や一部の先生の中には、高卒というのは全日制でなければならないという偏見があるようですが、その認識はまったく違います。進学につけ、就職につけ、定時制であろうが、通信制であろうが、どの高等学校を卒業しても、高卒は同じ高卒扱いなのです。

だから、お子さんに合った高校を選ぶということが、非常に重要になってくるわけです。

とかく、保護者の皆さんは、入学することだけで必死になってしまう。「うちの子を受け入れてくれるところはどこなのか」と。

でも、それではよくないのです。

「○○だから支援学校にする。就労のことも考えて高等支援学校を受験させたい」や「障害者枠の、公務員試験を目指しているので高卒の資格がほしい。特別な高校でよい」といった将来への見通しと、しっかりと卒業することができそうなのかを考えなくてはいけません。語弊があるかもしれませんが、結婚もそうです。「結婚してくれる人はどこ？」と、慌てて誰でもいいと考えて相手を見つけて結婚すると失敗をします。

重要なのは、今結婚することよりも、結婚した後の人生なんです。

だから、浮気をしない人かどうか。収入がちゃんとある人かどうか。子どもが生まれたときや仕事が忙しいとき、一緒に手伝ってくれる人なのか。お互いの親を大事にしてくれる人かどうか。

結婚した後のことを考えて結婚しないと、「独身のほうがよかった」「別の人がよかった」なんて後悔をする。芸能人が結婚してすぐに「性格の不一致」で離婚をするケースをニュースで見るたびに、それは先のことを考えなかった結果ではないかと思ってしまいます。

進路選びの七つのポイント

特別支援学校を選ぶにせよ、高校を選ぶにせよ、私は、次のポイントが大切と考えます。

《進路選びの七つのポイント》

1　入学試験は何か（学力試験の有無、面接ほか）

2　進級・卒業の条件（期末試験の有無、卒業単位数）
3　先生の専門性（どんな先生がいるのか）
4　出席日数が一定量必要な学校なのか
5　少人数・個別対応をしてくれる学校か
6　卒業後の進路や就労の面倒を見てくれるか
7　入学から卒業までにお金がどれだけ必要か

第一には、入学できるかどうかより、卒業できる学校か、卒業後の進路は大丈夫かを考えましょう。

そのうえで、まずどんな入学試験なのか、よく確かめてください。

そして、どのくらいのレベルの問題が出るのか、学力試験はあるのか、面接があるのか。作文があるのか。中学校の先生に尋ねれば教えてもらえるはずです。

入試内容やレベルがわかれば、合格に向けて早期から勉強していくことができますね。

第二に、進級や卒業の条件についても確認しましょう。

期末試験で評価するのか、レポートはあるか。卒業単位はどのくらいなのかも重要です。

通常の高校は勉強したことを半年まとめで、期末試験でテストと評価をします。ところが、支援が必要な子は、勉強直後は理解できても、半年経つと忘れちゃうんですね。つまり、期末試験中心で評価するという学校だと厳しいわけです。

前述した特別な学校の中には、勉強したらすぐテスト、勉強したらすぐレポートを行ない、それらをまとめて評価し、進級を決めるというところもあります。

ですから、入試だけでなく、進級の条件、授業の中身、カリキュラムなども保護者の皆さんであらかじめ確認しておくことが重要です。

第三は、教師の専門性です。

最近では、「インクルーシブ枠」といって、通常の高校の中に不登校の子や支援学級の子を一定数受け入れる枠や義務教育でしか行なわれなかった「通級」が高校にも設けられるなど、様々な配慮が進んできています。

ただ一番の問題は、そのシステムや理念はすばらしいけれど、担当した先生に特別支援に関する専門性があるかということなんですね。

皆さん、ご存じの通り、発達に課題のある子どもが増えてきているのに、その一方で指導する先生の養成が追いついていない。

高校にも通級ができたけれど、担当するのは専門性のない普通の高校の先生だったりする。ベテランの高校の先生だとか……。でも、それでは十分ではないと思います。

もし、高校に通級を設けたなら、特別支援学校高等部の先生が指導に来てくれるとか、どんな専門性のある先生が担当してくれるのか、入学・入級する前によく調べて決める必要があります。

特別支援教育の世界では、教師の質は、システム以上に重要なものと私は考えています。

そして、第四は、必要な出席日数の問題です。

大学や高校は義務教育ではないので、一定の出席日数がないといくら頭が良くても留年します。だから、大学も出席を取りますよね。

一番よい例が、将棋の藤井聡太さんです。あんなに優秀な棋士の藤井聡太さんが、高校を辞めましたね。

なぜでしょう?

勝ちすぎちゃったんです。

彼はN大学付属という普通の高校に通っていました。

それで、勝負に勝ち続けた。対戦相手がコロナの濃厚接触者になって、対局日程が延びてしまったこともある。モチベーションを下げられないから高校に戻るわけにはいかない。高校に行けない間に、出席日数が足りなくなってしまった。

このように出席日数が足りないことは、不登校の子にも当てはまりますね。

特別な高校の中には、通信制高校のように最低限の出席だけで、高卒資格を取得できるところがあります。そういう場所をはじめから選ぶことも重要になってくるわけです。

さらに五つ目として、少人数や個別対応をしてくれるかどうかという問題です。

このほど、公立小中学校の全学年、一学級を三五人以下に引き下げるという法案が成立しました。しかし、残念ながら、高校は義務教育ではないので、四〇人学級のままです。

「うちの子は今まで個別の支援をしてもらいました」と高校に訴えても、「わが校は義務教育ではありませんので」と言われてしまう。

「それでも何とか、個別支援をしてください」とお願いすると「それじゃ、なぜわが校に入ったのですか?」と切り返されて終わりです。

だから、入学する前に、少人数や個別対応をしてくれるのかどうかの確認が大切です。

今は、初めから一クラス二〇人程度の少人数を設定している学校もあれば、個別対応をしてくれる特別な高校まで様々なタイプの学校があるのです。

そして六つ目、卒業時に「卒業証書だけやるから、じゃあね。バイバイ」ではいけませんね。卒業後の進路や就労の面倒をちゃんと見てくれるのかどうか。

今までの実績について丁寧に説明をしてくれる進路先を選びたいですね。

学校によっては、高校卒業後の進学先の推薦をしてくれたり、就労先まで世話をしてくれる学校もあります。尋ねれば、入学前から教えてくれるはずです。

最後の七つ目は、お金の話です。入学金から日々の授業料まで、卒業までにいくら必要なのかを、入学前に明確にしておく必要があります。

特別な高校の中には、個別の指導料として別途集金する学校も多くあります。パソコンなどを個人で購入しないといけない学校もあります。事前の確認が必要です。

各種奨学金等の制度が活用できる場合もあります。こちらについても、各学校に問い合わせれば、今までの事例も含めて、丁寧に教えてもらえるはずです。

中学三年生の卒業時に、入学できるところが見つからない子は、入ることだけで保護者も先生も一生懸命になってしまうものです。

しかし、必ず「入ってから」と「出るとき」のことを考えて、入学させなければなりません。

今だけが大事ではなくて、先を見越して、今何をするかという視点が、中学卒業後も重要なことに変わりはありません。

「普通の特別支援学校高等部」に進学するという道

ここからは、各学校の具体的な解説をしていきましょう。

まずは、特別支援学校高等部です。

普通の特別支援学校への進学を選んだ場合、気をつけなければならないのは、手帳の種類です。

障害者手帳は三種類ありますが、なんと、入学の条件は、「身体」か「療育」の手帳じゃなきゃダメ。「精神」の手帳では原則入学できないところがほとんどだということです。

それはなぜか?

「精神」というのは、「身体や知的の問題が少ない」ため、学力も低くない場合が多い。

結果として、高校へ行ってくださいという話になる。

実は通常の学校に通うためには、生徒一人あたり年間、約一〇〇万円の税金が充てられるのですね。教科書代や先生の給料なども含めて。

ところが、特別支援学校って、生徒一人に、年間六〇〇万円を超える税金が充てられる。通常の学校の六倍以上です。

そのため、簡単には生徒を増やせない。行政の予算上の事情があるのです。

また、特別支援学校というのは、通常の高校では対応できない課題のある子が通う学校であり、社会で自立して生きていくための就労訓練の場として位置づけられています。

少し語弊があるかもしれませんが、高校に行くことができない子どもたちを社会で生きていけるように、しっかり育てるための教育機関なのです。

だから、原則入学できるのは、「身体」と「療育」の手帳を持つ子に限られる。

ただし、私が知る限りで唯一、「精神」手帳で入れる学校がありました。愛知県の豊田特別支援学校です。この学校は、「精神」手帳でもＯＫと第一刷発行時点では説明されました。

こうしたレアケースもあるので、よく調べなければいけない。

私は、全国に一〇〇か所以上ある支援学校に問い合わせをしてみました。

すると、ほとんどの学校の担当者はこう話します。

「〝原則〟は身体か療育の手帳が必要です」と。

公務員が言うところの〝原則〟とは、実際には〝無理〟ということです。

私、続けてこう聞きました。

「では、過去三年間に精神で入った子はいますか？」と。

「いません」

過去一〇年にさかのぼっても、「いません」でした。それが〝原則〟の現実です。

実際には、「身体」か「療育」手帳でなければ特別支援学校には入れない。精神障害の子、知的に高い自閉症やＡＤＨＤの子というのは、しっかりと学力をつけて高校へ行く準備をしていかなければならないのです。

ちなみに、二〇二一年四月現在、全国の特別支援学校の入学希望者は、定員をオーバーしているところが多くあります。昔に比べて少し落ち着いてきましたが、それでも数十年前の二倍近い希望者がいるという状況です。どうしても障害の重い子から選ばれていくことは仕方がないことかもしれません。

だったら、特別支援学校をもっと造ればいいじゃないかと思われるかもしれませんが、そうバンバン増やせない。一校増やして、一人年間六〇〇万円超の税金がかかる子が何百人も入ったら、都道府県の財政は吹っ飛びますよね。

だから、実情として、特別支援学校というのはなかなか造れないということを覚えておいてください（都道府県の方針によって大きく差があります）。

一方、私立の特別支援学校もあります。が、あるにはあるのですが、経営的になかなか採算が合わないところが多い。だから、数としては全国的にも非常に少ない。私が知るところでは、たとえば宗教法人、キリスト教の学校法人が特別支援学校を運営し、寄付金や協力金を保護者に募るという形態を取っているところもあります。

なお、特別支援学校でも入試はあります。

ですが、形式上のものです。知的に課題のある子、比較的障害の重い子が対象なので、願書を出して受験すれば、ほぼ全員合格します。

授業は、専門性のある先生、免許資格のある先生が自立訓練や作業訓練を行ない、木工班や園芸班などに分けて、その後の就労ができるよう全力でがんばってくれます。

ただし、特別支援学校高等部に入りさえすれば、就労まで面倒を見てくれるから大丈夫と思ったら大間違いです。

前述のように、「保護者が就労先を見つけてきてください」と言われるケースが多い。現実は厳しく、保護者が思うほど、障害者就労の求人はなかなかありません。

そして、現在、職場における働き方改革の中、先生方が夜遅くまで、子どもたちの就労先を探してくれるということもないんです。

特別支援学校の高等部に入学する際は、次についても確認しましょう。

特別支援学校の学習や活動内容とあわせ、具体的にどのような作業訓練があるのか。それが、お子さん本人にとって適しているものなのかどうか。

特別支援学校によっては、農業訓練があったりなかったり、地域の伝統文化である染物が習得できるなど、実に様々です。

お子さんに適した学習・作業内容があるかどうか、最低限確かめておきましょう。

続いて、卒業時の就労実績です。

特別支援学校の多くは、公表できるほど就労ができていないので、明らかにしているところは少ないです。一般に公表していない場合は、具体的な就労先や人数など、直接尋ねるとよいと思います。

「高等特別支援学校」に進学するという道

特別支援学校の就職率が低い件に対しては、行政や教育委員会も黙ってはいません。

今、〝高等〟特別支援学校という支援学校が、次々と創設されています。

高等特別支援学校というのは何かというと、障害のある子どもたちに、その子に合った賃金の高い就労をさせて、生活の自立を促すことを目指した支援学校です。

各企業は障害者雇用が義務化されており、障害者雇用促進法で定められています。民間企業では、従業員の二・五%以上は障害者を雇わなければなりません（令和6年4月から）。

実は、各企業も有能な障害者を求め、障害者雇用を増やしたいと考えているのです。

しかし、その育成機関がない。

だから、「高等特別支援学校」なのです。

高等特別支援学校では、質の高い障害のある子を選抜し、鍛えて企業の要望に応えようとしているのです。

それは、保護者の願いでもありますね。

たとえば、大阪府では、府立なにわ高等支援学校や、府立すながわ高等支援学校など。

愛知県には、市立豊田特別支援学校、県立大府もちのき特別支援学校、県立春日井高等特別支援学校など三校。

岐阜県では、県立岐阜清流高等特別支援学校など二校。

栃木県では、県立特別支援学校宇都宮青葉高等学園があり、全国で相次いで高等特別支援学校が新設されています。

これらの学校を調べてみると、作業訓練の質がものすごく高い。

そして、普通の特別支援学校高等部に比べて、一般就労率が格段に高いのです。

その一方で、厳しい入学試験がある。都道府県によって入試の中身が違いますが（巻末の大阪府の入試問題参照）、岐阜県の場合は作文があります。大阪府は作文がないけれど、英語の出題がある。

学力試験以外に面接と作業があり、自力通学が条件です。

昔は学力試験といっても、小学校三年生程度の学力でよいとされていましたが、高等特別支援学校を卒業すれば、月給一〇万円以上もらえる企業に入社できるかもしれないと聞いて、各校に応募が殺到している状態です。

確かに、わが子を入れたくなりますよね？

そのため、以前の入試レベルは小学校三年生程度だったのが、今では小学校四、五年生程度の学力問題が出題されるようになった。

こうした経緯で、知的障害のある子でも小学校四、五年生の問題を解かなければならなくなってきているのです（巻末の大阪府の入試問題を参照してください）。

入試対策として、あらかじめ問題の内容を把握しておくことが必要で、受験対策を今のうちから始めておかないと間に合わないということになります。

この場合、どんな悲劇が起きるか話しますね。

ちなみに、中学三年生のときに、小学校五年生の勉強ができなければいけないということは、小学校六年生の段階でどの段階の勉強ができなければならないと思いますか？

そう、小学校三年生の勉強が小学校六年生のときに終わっていないと間に合わない。そして、残りの中一、中二、中三で小学校四、五年生の勉強がどこまでできるようになるか、です。

ところが、私が特別支援学級に携わっていた経験からすると、ほとんどの特別支援学級では、余りのないわり算程度、つまり、小学校三年生ぐらいの勉強に入ったところで小学校六年生が終わってしまう。

そうすると、中学校入学時に卒業後の進路について聞かれたとき、「高等特別支援学校」が希望ですと答えると、「どこまで勉強してきましたか？」と問われるのですが、

「小学校二年生の勉強を終えて、三年生の勉強を始めたところです」

と答えることになる。そうすると、中学校の特別支援級の先生からは、「あ、無理です」と言われてしまう。

では、なぜ「無理です」と言われてしまうのか。

六年間で三年生のはじめまでの勉強しかしていない生徒が、残りのわずか三年間で小学校五年生までの三年分の勉強ができると思いますか？

お母さんたちは「そんなぁ～」と悲鳴を上げます。

「そんなぁ〜」と言われても、中学校の支援級の先生も一人で五、六人の生徒を指導していますので、お宅のお子さんだけを教えるというわけにいかない。

つまり、小学校六年生の段階で小学校三年生までの学力を、基礎的な学力をしっかり身につけた子だけ、チャレンジする権利が出てくるわけなのです。

もし、高等特別支援学校に進ませたいのであれば、いつまでもひらがなやたし算の宿題をやらせていてはいけません。着実に学習を積み重ねていかないといけないのです。

定型発達の子であれば、中学校三年生になったとき、ラストの追い込みができる。ところが、課題のある非定型発達の子たちって、学習の追い込みができないんですね。小学校の担任も毎年替わるので、先生もそんな先のことを考えていない。

だから、高等特別支援学校の対策は、個別の支援計画を立てて、小学校六年生までに三年生の勉強が終わるようにする。逆算して四年生までにこれ、二年生までにはこれ、というように計画を明記しておかないといけません。

悲劇とは、知的障害を抱える子が、事前の取り組みを十分にしなかったために、高等特別支援学校を受けたくても受けられなくなってしまうことなのです。

「通常の高等学校」に進学するという道

次に、通常の高校に進学する道について説明します。

通常の高校とは、公立・私立を問わず、全日制の普通科や工業高校、商業高校などを指します。

通常の高校に進む場合は、何がポイントになるでしょうか。

五教科五〇〇満点のテストと内申書と呼ばれる通知表。これらの合計によって、合否が決まるということです。

詳しくは、各都道府県別に用意された「入試要項」に明記されているので参照していただきたいのですが、大事なのは、内申書と呼ばれる通知表が特別支援学級では付かないことが多いということです。

なぜだかわかりますよね。

通知表の1〜5というのは、クラスの生徒全員が同じ期末試験を受けて、同じ宿題や課題をやり、クラスの中でどれくらいできたかによって採点・評価される仕組みです。

たとえば、他と比べて簡単な期末テストを受けて高い点を取り、皆より少ない宿題でその生徒が5だったとしたら、通常の学級の生徒は怒りますよね。

通常の高校でも採点のやり方は一緒です。

通常の高校って、四〇人に一人の先生しかいないので、通常の学級でどれだけできるのかという評価を見ないと、合否を決められないということなんですね。

もちろん、入試テストの点数も重要視されますが、この内申書といわれる通知表が合否のカギを握っています。学校にもよりますが、入試のテストの点数とこの内申書の評価の割合が五対五というところが多いようです。

特別支援学級でも内申書が付くかどうかを、中学校入学前に確認することが重要です。

最近では、私が全国の講演会の参加者に尋ねると、特別支援学級でも内申書が付くように配慮をする学校が増えてきたように思えます。

ですが、内申の点数が付くか、付かないかは、同じ都道府県内（同じ市町村）の学校であっても方針がそれぞれ異なるので、早いうちから確認しておくことが肝要です。

それに、中学校の先生は、まずこう言うでしょう。

「そういうことは、入学するときに言ってください。卒業するときになって突然言われても対応できません」と。

そのためにも、中学校入学の段階で「うちの子は特別支援学級ですが、高校を受けたいので内申書を用意してもらえますか？」と、聞いてほしいのですね。

原則として、行政側、中学校側からは提案してきませんので、そこはしっかりと保護者から中学校に伝える必要があります。

その際、気をつけなくてはならないことが二つあります。

一つ目、昔は中学校三年生の内申書だけでよかったのが、今は二年生、一年生の内申書の点数が総合的に高校入試に関係するようになったこと。

中学三年だけ通常の学級に戻せばよいということではなくなってきているので、よく確認しておいてください。

二つ目、「うちの学校は支援級であっても、内申書が付きます」と言われたとしても、それは「特別支援学級内での内申書」となっている場合があるのです。

これはある子の悲劇なのですが、成績表がオール3だった。

「これなら○○高校に行けますよね」と志望校を伝えたら、先生から「これでは無理です」と言われたそうです。

つまり、それは特別支援学級の中のオール3であって、通常の学級に当てはめるとオール2の評価だということ。

このことをお母さん、生徒本人も知らないので、中学校の成績はずっとオール3だと思っていた。中学校三年生になって初めて、これは支援級のオール3であって、通常の学級のオール3ではなかったことに気づいた。

「どうしてもっと早く、教えてくれなかったんですか！」とお母さんが抗議したら、

「どうしてもっと早く、聞いてくれなかったんですか！」と返ってきたそうです。

こうしたトラブルが実際にあるのです。

だから、先を見越して、今を考え、判断していかないといけません。中学校三年生になって気づいたときは〝もう遅い〟とならないように。

また、内申点がオール1だったり、内申書がなかったりしても、入学できる高校があったとします。でも、その場合、その高校が定員割れした劣悪な「底辺校」でないかどうか、慎重に確認してください。

先生のフォローがあるか、生徒の質はどうか。

入学できても、卒業できる見込みのある高校かどうか。

単に授業料が安いから、受け入れてくれるからというだけで、入学させることは危険です。

中学校から通常の学級へ、は危険が多い

それから、これは学校心理士ＳＶとしてのアドバイスですが、中学校から通常の学級へというのは危険が多いということも覚えておいてください。

それはなぜか？

小学校から中学校一年生に上がるまでの間で、不登校が四倍に増えるといわれています。ざっくり、小学校では七七人に一人の児童が不登校だといわれていますが、これが中学校一年生の生徒になると、四倍の二〇人に一人になる。

つまり、クラスに二人は不登校の生徒がいるということです（文部科学省調査）。

これはなぜかと言うと、毎時間、先生が替わる。移動教室も増える。宿題がまとめて出るが提出できない。部活動の人間関係でトラブルが起きる……等。

こういった小学校にはないストレスの増加が理由で、不登校が増えるわけです。

今まで六年間、何とか無事に小学校に通っていた子が、四倍も不登校リスクが増加するタイミングで特別支援学級から通常の学級に戻したら、もっとハードルが上がりませんか？

だから、学校心理士ＳＶとして、私がいつも皆さんにお伝えしているのは、できたら小学校五年生、六年生あたりで一度通常の学級に戻しておくこと。そして、中学校での先生や宿題、部活動などの環境変化に入る準備をさせるようにする。

こうした二段階のスモールステップにしない限り、環境の激変はその子にとって厳しいのではないかと思っています。

「特別な高等学校」に進学するという道

高等学校でも、特別支援が必要な生徒への対応は進んできています。

そこで生まれたのが、「特別な高校」です。まずは、「通信制高校」を例にあげます。

「通常の高校」というのは、朝から夕方まで毎日五～六時間授業があるのが一般的ですよね。

そして入学試験では五教科プラス内申書の点数が必須。卒業に必要な単位数は九〇～九六といわれています。さらに、規定の出席日数を満たさなくてはなりません。欠席が多いと留年です。

先生の配置は基本的に四〇人の生徒に一人だけ。個別な支援はありません。

学習の評価はテストが中心で、規定より低い点数（赤点）をとると、補修と再テスト、それでも合格しないと留年。

加えて、たくさんの学校行事があり、集団行動やコミュニケーションも必要になります。

一方、「特別な高校」というのは、なんと七四単位で卒業できるんです。

しかも、少人数や個別指導を基本とする学校が多いのです。

学校によっては、ほぼマンツーマンで対応してくれる学校もあります。

だから、特別支援学級や不登校の生徒にも対応でき、入試でも内申書の点数を重視しないのです。

通常の高校というのは、広くたくさん単位を取得することができるために公立大学でも医学部でもいろいろな進路を選択することができる。つまり、様々な大学が受験できる。

たとえると、酢豚定食を頼んだとしたら、サラダからスープ、杏仁豆腐からアイスコーヒーまで、全部付いてくるのが通常の高校のイメージです。

つまり、すべての内容が入っているため、すべての進路に対応できるわけですね。

その代わり、通常の高校では無駄な勉強もたくさんすることになります。

皆さんの高校時代も、最終的に入試で必要ないんじゃないかと思われる勉強が、多くありませんでしたか?

ところが、特別な高校というのは、これだけやれば卒業して高卒資格が取得できるといった最低限の内容のみあるイメージです。

酢豚定食を頼んだら、本当に必要なライスと酢豚しか出てこない。

もし、どうしても追加が必要なら、お金を払って受講する授業を増やして、取得単位を追加する……。

だから、一日平均二〜三時間の勉強でいいのです。出席も少なくて大丈夫なのです。

そして、実際に、障害者手帳を持っている子でも、特別な高校であれば卒業できている例が多くあるのです。

やはり、通常の高校に比べて三割ほど学習内容が少ないことは、生徒の負担を大きく減らします。

さらに入学してから、中学校の復習から学習をすすめることができるところも大きい。

出席も、スクーリングというものに参加しなければなりませんが、欠席が多くでも大丈夫です。評価も期末テストだけでなく、レポートやミニテストのようなものを提出すれば卒業単位として認められる。強制される学校行事もほとんどなく、入学試験は面接だけというような学校もある。

けれど、同じ高卒なのです。

このような、ある種、恵まれた環境の高校があると考えたとき、通常の高校に無理して行かせる意味がどこまであるのか。

実際に特別な高校を卒業したと言っても、卒業して高卒資格さえ得られれば、履歴書の中で、「●●高校卒業」の下に、「●●中学校特別支援級卒業」なんて書きませんよね？　高校さえ、しっかり卒業すれば、中学校や小学校で特別支援学級だったということを公に履歴書で文章にする必要もなくなるわけです。もちろん面接で言う必要もありません。

こうした理由からも、劣悪な卒業できるかどうかもわからないような通常の高校に無理して入れるよりも、子どもの特性やレベルに適した特別な高校もあるということを知ってほしいのです。

ただ、特別な高校といっても高校なので、当然、高校の勉強をしなくてはいけません。

そのため、小学校六年生〜中学生レベルの基礎的な学力は最低限必要になることはご理解ください。小学校のうちからコツコツと学力を積み上げていくことは重要になります。

まとめてみます。

前述したように「学習を積み重ねた結果」、小学校四年生、五年生の勉強ができれば高等特別支援学校。六年生〜中学校一年生ぐらいの勉強ができれば特別な高校。中学校二年生、三年生の勉強ができるなら通常の高校。

学力の面だけからすれば、そのような見通しができるかもしれませんね。

私の教師経験からいうと、高校を中退した生徒は本当に辛い思いをしています。

いったん中退してしまうと、その後、なかなか復帰できない。だからこそ、早期から見通しをもって指導していくことが大切になるのです。

現在は、通信制の高校以外にも特別な高校として、通常の高校内に「通級」の新設をしたり、「インクルーシブ枠」を入試の中で設置したり、特別支援が必要な生徒への配慮を考えた公立の高校もできてきています。

しかし、その理念やシステムはすばらしいのですが、中身が追い付いていない現実があることを注意しなくてはいけません。

たとえば、そこで働く高校の先生が、特別支援の免許を持っておらず、うまく機能していないるところが少ないという実態があるのです。

また、タブレットなどの教材教具の工夫も足りない。

具体的には、LDの子のためのタブレットなどです。今はコロナの影響でタブレットの普及が進んできましたが、ソフトの内容がLDの子に合致していなかったりする。

また、インクルーシブ枠や通級などで入学時に配慮をするといっても、結局、入学後は、通常の紙による期末試験で評価することで不合格になってしまうケースが多いのです。

特別枠で入った生徒だけでテストをやって、皆と同じように平等に成績を出すということは難しく、教育の内容面では、まだまだ課題が多いのです。今後の課題でもあります。

「特別な高校」にも個性がある

特別な高校といっても様々です。

私が勧める人気の学校があります

それは、神奈川県の星槎《せいさ》中学、星槎高校です。

この学校は、一クラス二五名、中高一貫教育で、先生の理解や専門性もある。

しかし、この学校は大人気なので、絶対に受かるとは限りません。

昔は私立というと、スポーツ校や学力の高い進学校のようなイメージがありました。確かに今でもそういう私立校が多くありますが、生徒の数がだんだん減ってきたこともあり、学校の生き残りをかけ、特別支援に特化した私立校が今はぞくぞくと登場しています。

次に公立高校。定時制や単位制などがありますが、なんといっても、授業料が安いことが魅力です。

ただし、三年間で卒業できるかどうかは確認してください。

意外と、四年というところもあります。その場合、周りの友人、同級生は社会人なのに、自分だけ高校生でいることに耐えられるかどうか。

実際に友達が誘ってきます。車に乗ったり、オートバイに乗ったりして。給料をもらい、財布に五、六万円入っている。そんな友達をよそに、自分だけ高校の制服を着ているわけです。卒業に四年かかるということは、ゆっくり勉強できるという面もありますが、その子のデリケートな気持ちも考えてあげないといけないでしょう。

大人気の「通信制サポート高校」とは何か？

現在、人気の通信制サポート高校にも、様々なタイプの学校があります。たとえば、自宅で学習できたり、塾のように少人数や個別対応が可能だったりする通信制サポート校もあります。

最近、評判がいいのが角川ドワンゴ学園のN高等学校、S高等学校です。これらはインターネットの高校で、好きな時に学べるのがメリットですが、ある程度、一人で勉強できる子じゃないと厳しい。ネットで勉強するわけなので、家でやれるのかという面がある。

次に、北海道芸術高等学校です。

この高校は、マンガ・イラストコース、ファッション・ビューティーコース、ダンスコース、ミュージックコースなど、芸術とうたうだけあって、趣味を追求するのにもってこいの学校です。

おおぞら高等学院は、少人数で費用次第では個別対応もあり、通信制高校の中では進学率が断トツに高い。そのため、知的に高い子たち向けなのか、入学試験に国語・数学・英語があります。

ちなみに、北海道芸術高等学校は面接だけです。特別な高校、通信制サポート高校といっても、入試や授業の中身が異なるので確認が必要です。

このように、通信制高校といっても千差万別です。

私が特にお勧めしたいのが、明蓬館《めいほうかん》高等学校SNEC《スネック》（スペシャルニーズ・エデュケーションセンター）です。

なぜかというと、特別支援の専門性が高い、個別の通信制高校だからです。

もちろん、卒業証書は通常の高校と同じ高卒です。

制服もあるので、家から通学するときの外見は普通の高校生（制服の利用は自由）、さらに職員の中に知能検査のできる専門職がいます。

授業も試験だけで評価するのではなく、マイプロと呼ばれる個人の興味・関心をもった学習で評価されて単位が取得できる。

ちなみに、明蓬館の入試は、願書提出時の作文と面接のみ。内申書の内申点で合否は決めません。特別支援学級、不登校でも受け入れ可能で、入学後は個別指導が中心です。

もちろん、最低限のテストとスクーリングはありますが。

通学タイプも様々で、毎日通学タイプや週一回通学タイプなどから選択します。

なお、卒業証書は「高等学校卒業」となります。

高校見学や支援学校見学は、中学校三年生になってからじゃないとダメと言われることが多いと思いますが、明蓬館高等学校ＳＮＥＣでは、早くから見学ができます。小学校の高学年くらいになったら見学もできるし、パンフレットだったら、小学校低学年のうちから、入手できます。ぜひ気軽に、明蓬館ＳＮＥＣの様子を見学されるとよいと思います。

「あ、こんな高校もあったんだ！」と思われるはずです。

このような高校を一度見ておけば、同じような高校があっても比較検討ができます。ひとつの基準として、この高校をお勧めします。

ちなみに、先ほどのマイプロについて、補足しますね。

皆さん、勉強というと、「教科書の何ページのかっこ問題を解く」みたいなイメージがあると思います。

この学校は違うんですよ。

たとえば、動物が好きで将来は飼育員になりたいと思っているヤマウチ君がいたとします。そこで、大好きな動物の分布を調べて、その国や気候を調べれば「地理B」になる。自分の大好きな動物当てクイズを英語でやってみる。すると「英語」になる。動物園に行って、園長先生や飼育員さんに仕事の内容をインタビューする。すると「総合」になるんです。

つまり、やりたくもない教科書で勉強をした「知識」ではなく、自分の興味をもったことに付随した内容を教科につなげることで、将来、飼育員になるための素質を育てることができる。

これが、高校の単位になる。

素敵でしょ?

この画期的な学習スタイルがマイプロと呼ばれるものです。

公立学校も特別支援への対応を重視してきている

特別支援が必要な生徒を受け入れてくれる高校は、私立だけではありません。公立学校もある。各都道府県によって温度差はありますが、全国的に増えています。

その一つが「インクルーシブ枠」の設定です。これは、通常の高校の定員の中に数名だけ「特別支援が必要な子を受け入れる枠」をつくり、通常のテストの点数と内申書の点数だけで合否を決めるのではなく、学校からの推薦や、面接のみで評価をして特別支援学級の生徒を受け入れる仕組みです。

一昔前に、「帰国子女枠」を設定する制度ができたときと似ています。

また、文部科学省は、二〇一四年より、（文部科学大臣指定【学校教育法施行規則第八十五条等】）現行の高校の教育課程の基準によらない教育課程を編成、実施する「高等学校における個々の能力・才能を伸ばす特別支援教育」を開始しました。具体的には、従来、小中学校にしかなかった「通級による指導」を高校の中にも次々とつくっていっています（※特に千葉県では、高校の通級に対して進んで取り組んでいます）。

さらに、私のように全国を日々回っていると、特に力を入れている地域があることに気づきます。

それは、大阪です。

大阪では、少人数制の知的障害の手帳を持った子のための「自立支援コース」という高校が複数存在するのです（大阪府立貝塚高校等の他に、大阪市立の学校もある）。

興味のある方は、一度、「大阪高校自立支援コース」で検索してみてください。

配慮としてすばらしいのは、これらの学校は、大阪府内に点在していて、遠くて通えないということがないということもあります。

もちろん、この「自立支援コース」は高卒です。高校卒業資格が取得できるのです。

ただ、この学校は大人気のうえに、募集人数が少なく、毎年数倍の倍率となってしまうために、入学を希望するなら、早いうちからの準備が必要になります。

この本の中で私が一貫して主張していることですが、保護者の皆さんから、こういう学校に入学させたいという旨を学校に伝えて、協力して取り組み、日々の学校生活の中で、子どもたちに力をつけていくことが重要になってくるのです。

私は、大阪で加速しているこの取り組みが、必ず数年の間に全国各地に広がっていくと思います。もう、素敵ではないですか！

こうした配慮ある教育機関が高校にも拡大され、全国に広がり、入学を希望しようと思っていても、「あっ、知らなかった。準備してなかった」。それじゃあ残念ですよね。昔と比べて、いろいろな選択肢が生まれているからこそ、今、どんな進路があるのかを早期から調べて、今、わが子に何をしなくてはいけないのかを考えることが大事なのです。

そう、今は、特別支援が必要な子でも、高卒資格が取得できる時代になってきた。とするならば、高校卒業資格が本人にとってどのような意味があるのか。

これまでになかった新しい学校、教育、支援の流れができつつある中、高校に行くのが幸せなのか、それとも従来の特別支援学校に行くのが幸せなのか……。

単に、高卒の資格を取ればいい、大卒を取ればいいという話ではなくなってきた。

今後、特別支援のニーズが高まる中で、このような大阪の取り組みが拡大していくことは確実と考えます。

しかし、その推進については、各都道府県、行政の考え方に左右される。

たとえば、こんなに先進的な大阪のような地域があるにもかかわらず、令和になった現在でも高等特別支援学校が一つもない県、今後も創設する予定のない県もあります。これは、前述した「インクルーシブ枠」の設置や「高校の通級」の開設も同様です。

つまり、特別支援の教育機関が拡充するか否かは、皆さんがどんな知事を選ぶのか、どんな都道府県議会議員を選ぶのかによって決まってくるのです。

少し大きな話になってしまいましたが、実際、都道府県による取り組みの差が大きいことは事実です。

“明るい見通し”が自己肯定感を高める

特別支援が必要な子どもたちにとって、一番重要なことの一つが「自己肯定感」です。

「僕はオール1だ」

「私は不登校だ」

「もうダメなんだ」

そうじゃない。

今の自分でいいんだ。

今の自分でも進学することができるんだ。

中学校を卒業してから先、こんな道が開かれている。

「今の自分でいいんだ、よし今からがんばろう!」と思える明るい見通しが、「自己肯定感」を高める。そんな進路指導が大事なんです。

不登校の子に「学校に行け」とか、勉強が遅れた子に「やれ!」じゃなくてね。


ちなみに、公立学校の方針というのは、早期から決まっています。

都道府県の教育委員会に電話して聞くこともできますし、募集要項や入試問題は、ホームページなどで入手することが可能です。

たとえば大阪の場合は、「大阪特別支援入試問題」と検索すると高等特別支援学校の過去の入試問題を閲覧することができます。

もし、手に入らなければ「開示請求」をしましょう。

公立学校の試験問題って、年度末に必ず地域の新聞に載りますよね。

特別支援学校の試験問題だって本来、開示しなければならないんです。

一般に公表、掲載しないだけで、開示請求をすれば、だいだい一枚一〇円程度のコピー代だけで入試問題が手に入ります。

以前、私が岐阜県の教育委員会に問い合わせたとき、「過去何年分欲しいですか？」と聞かれましたので、過去三年分をお願いしたら、岐阜県の特別支援学校の入試問題を過去三年分もらうことができました。

本書では、一例として、巻末に「大阪府立知的障がい高等支援学校職業学科」の入試問題を掲載しました。

ぜひ、皆さんもお住まいの各都道府県から取り寄せてみてください（※市立の場合は市教育委員会になります）。

第3章

小学校時代から中学校までの進路を考える

中学校（中学部）卒業後の進路を見据えることの重要性

中学校に入学すると、まず中学卒業後の進路について、必ず聞き取りが行なわれます。第2章で説明したように、特別支援学校高等部か、通常の高校か、それとも特別な高校に進むのかを、小学校が終わる時期に決めておかなくてはなりません。

岐阜県の例では、特別支援学級の生徒四二四八人のうち、障害の種別のほとんどが知的障害と自閉・情緒障害です。

中には、身体の不自由な子や、病気、難聴、弱視の子もいますが、かなりの部分が知的障害と自閉・情緒障害で占められています。

そのため、全国の小・中学校の特別支援学級では、知的学級と自閉・情緒学級がそれぞれ一つずつ設けられているところが多くなっています。

岐阜県　特別支援学級　四二四八人在籍者内訳

・知的障害　二四二三人

・自閉・情緒障害　一七三八人
・肢体不自由　五〇人
・病弱　一四人
・難聴　二三人
・弱視　〇人
※ほとんどが「知的障害」と「自閉・情緒障害」

一方、岐阜県の特別支援学校はどうか。

特別支援学校の生徒二六一〇人のうち、自閉・情緒障害の生徒はゼロなんです。

「特別支援学校には、自閉・情緒障害の子がいない」と前章で、述べましたよね（※愛知県の豊田特別支援学校は、「精神」手帳の生徒も受け入れると公表していますが、こういう学校は非常にまれなのです。ただ現在も受け入れＯＫかは確認が必要です）。

知的障害と自閉・情緒障害の両方がある場合は、知的障害が優先されます。

よく、「うちの子どもは自閉症だから、自閉・情緒学級に入れてください」とおっしゃる保護者の方がいます。

「自閉・情緒学級」とは、そもそもは知的に遅れのない自閉・情緒障害をもつ子の学級ということです。

ですから、特別支援学校は知的障害のある子が進むのであって、原則として、「精神障害のみの子は入れません」と述べたのは、このことなんです。

岐阜県の支援学校の生徒が二六一〇人もいて、精神障害の子は一人もいない。ということで、「精神」手帳だけでは入学できないことが現実的にわかります。

つまり、中学校の段階で、「身体」か「療育」のどちらかの手帳を取得していないと特別支援学校に入学できないかもしれないということです。中学校の担当の先生と話をして、各都道府県の特別支援学校の受け入れ体制について確認することが重要になってきます。

岐阜県　特別支援学校　二六一〇人在籍者内訳

・知的障害　一九三一人
・自閉・情緒障害　〇人
・肢体不自由　三八六人
・病弱　一七四人
・聴覚障害　八九人
・視覚障害　四〇人

※「自閉・情緒障害」がいない。特別支援学校は、「精神」手帳では入学不可

中学から特別支援「学級」を選択するメリットとデメリット

通常の中学校の特別支援学級に在籍するメリットとデメリットをお話ししましょう。

まず、通常の中学校の特別支援学級に入るメリットは、特別支援学校ではできない、定型発達の子たちとたくさん交流できることです。

学校行事や交流授業、部活など、定型発達の子と一緒に活動できるということは、将来、定型発達の人たちと一緒に働けるということですよね。

ただ、当然、定型発達の子と混ざれば様々なトラブルは起こりえます。

でも、お母さん、障害者だけいる会社と定型発達の人と一緒に働く職場では、どちらの給料が高いでしょうか？

もう、わかりますよね。

将来、就労の可能性を考えるなら、通常の学級の子どもたちと交流できる環境に在籍するほうがメリットは大きいという考えになる。

一方の特別支援学校というのは、障害の重い子が中心に在籍している。

障害の重い子同士がずーっと一緒に生活するということは、将来の就労も障害の重い子たちと一緒。賃金も低くなりがちになってしまいます。

さらにまた、特別支援学級は、特別支援学校に比べて学習支援が充実しているので、前述した高等特別支援学校の入試対策についても比較的、対応してくれます。

ただし、欠点もあって、特別支援学級の担当の先生は、特別支援学校の担当の先生に比べて、特別支援学校の専門の免許を持っている先生が少ないという実態があります。

それから、特別支援学級の授業で「作業訓練」をやりますが、通常の中学校って、作業室は技術・家庭科室か美術室しかないでしょ？

だから、特別支援学校に比べて「充実した本格的な作業訓練ができるのか？」と問われると、それは難しいのが現状です。

特別支援学校のような、就労前提の充実した作業訓練はできないということがあります。

中学から特別支援「学校」を選択するメリットとデメリット

中学から特別支援学校を選ぶメリットは、「作業訓練」や「自立訓練」が充実しているということ。作業環境も整っていて、実際に作ったものの販売なども行ないます。

そして、余分な教科の勉強や行事がほとんどありません（※受験を目的とした学習ではなく、生きていくために必要な学力を中心に学びます）。

さらに、クラスの担任が二人体制で、専門の先生がいる。特別支援学校の先生の免許保有率は五〇％以上あります（特別支援学校によっては、一クラスに三人〜四人の担任が配置されているケースもある）。

デメリットは「特別支援学校卒業」になることでしょうか。言いにくいのですが、「この子は障害があった」という履歴が残ってしまうわけです。

それに、定型発達の子どもたちとかかわる機会がほとんどない。

地域の子どもたちとの交流が少なくなる。

通常の学校に比べて、学習支援のサービスを受ける機会が少ないという点も特別支援学校のデメリットです。

中学校で通常の学級にしなくてはいけない理由

第1章でも触れたので繰り返しになりますが、中学校で通常の学級にしなくてはならない理由をここでも述べます。

まずは何といっても、通常の学級じゃないと原則、内申書の点数がもらえないことがある。一般に通常の公立高校に入学するためには、入試の五教科の合計点と、九教科の内申書の点数が必須です。

合否の決定の割合は、一般的に五対五ですが、進学校では、六対四のように入試の点数を重視する高校もあります（※これら入試の点数と内申書の点数の合否決定の割合は、各学校で決められる場合が多く、事前に募集要項に示されています。確認が必要です）。

一方、通常の私立高校の場合、公立学校と同じ内申書を提出するのですが、合否にかかわる内申書の点数は五教科（国・数・社・理・英）のみのところが多い。

学校によっては、国・数・英の三教科重視というところもあります。

こういう現状において、仮に国語と数学だけ特別支援学級に行って勉強している子の場合、内申書上は国語と数学だけ斜め線、点数なしになるケースがあるのです。

五教科のうち二教科の内申書の点数が斜め線になったら、入試では当然不利になりますよね（※中学入学前に確認することが大切です）。

しかも、通常の高校は、学習内容がレベルアップして、通常の中学校の授業の「何倍も生徒に負荷がかかる」といわれています。

そもそも、高校は義務教育の範囲ではないうえ、生徒四〇人に一人の先生で、特別支援の専門性は低く、障害に対する理解も少ない。半年の学習の評価を期末試験でまとめて行なう。三〇年前と変わらない一斉指導形式、講義形式の授業をやっている。

通常の学級で対応できない子たちが、たとえ高校に行ったとしても、ついていくことは難しいんですね。

だから、内申書の点数が重視される。

もし将来高校に入学できたとしても、大人数で、しかもみんなと同じ学習内容を支援無しでどれだけできるのか。それができないと卒業できないということになりかねないわけです。

どのように「内申書」は付けられるのか？

皆さんは、通知表の1～5って、どうやって決めているか知っていますか？

たとえば、「素敵な男性」の条件に置き換えて考えてみましょうか。

皆さんは「素敵な男性」かどうか判断する観点はなんでしょうか。
①顔が良い、背が高い、外見がどうか？

②お金がある、土地を持っている、経済力があるかどうか?
③優しい、包容力がある、人間性がどうか?
そう、いい男の観点は最低三つある(※あくまで一例です)。

実は、学校の通知表1~5の判断条件は、主に三つあり、全国の中学校でほぼ同じです。

それは、次の通りです。


【通知表をつける三観点】

①期末試験・定期試験などのテストで何点取れるか
②課題や宿題、ノートの取り組みやその提出状況
③クラスの中での授業態度や参加意欲
この三つで判断するんですね。


まずは、①の「テストで何点取れるか」からいきましょうか。

平均点近くを取ると3。平均点より高いと4。クラスで上位だと5になる。そして、平均点より低いと2、クラスの中で下位になると1になる。

これはもう、エクセルの計算式の世界。エクセルで計算してパーッと出してしまうので、人情も何もないんです。

続いて、②の提出物です。

とにかく、全部埋めて提出期日に出したら3。

そういえば、保護者の方はよく、宿題で子どもが「答え」をノートに丸写しすると怒りますよね。「ズルして写してしちゃダメ。ちゃんとやりなさい」って。

でも、期日に遅れて提出すると2になるんです。

冬に大雪で道路に立ち往生したパンを運ぶトラックが、近くの車にパンを配ったという美談が報道されたでしょ？　なぜ、パンをタダで配れたかというと、決まった時間にパンがコンビニに届かないと商品にならないからなんです。

これと同じ考えです。

期日に提出したかどうかで3になり、遅れて出すと2になる。

遅れて出せばいいけれど、中には提出しない子もいるでしょ？

提出しない、出さない、これは1なんです。

では、次にどうしたら4になるかを教えますね。

早めに出すこと。丁寧なやり直しの跡がみられること。これ4なんです。

じゃあ、5は？

たとえば、「今日は徳川家康を調べてください」という課題を出すと、クラスに二〜三人、「先生、豊臣秀吉も一緒に調べました」という生徒がいる。

いや、これが本当にいるんです。

これは「自主学習」で、進んで学習に取り組む姿です。

本当に勉強が好きなんですね。

もう一度、説明しますね。

期日に出したら3、遅れて出すと2、やってないと1、早めに提出したり、丁寧なやり直しができたりしていると4、やらなくてもいい部分まで進んでやってきたら5。

わかりやすいですよね。

次は、③の授業態度です。

体育などがわかりやすい。

普通に参加したら3。バレーボールなどの授業で、やる気がない生徒がいるけれど、これが2。なかには妨害する子がいて、1です。

練習が終わって、みんなでネットを片付けているのに、参加しないでシュート打っている生徒はいませんでしたか？

1です。

体育の先生、こういう生徒をしっかり見て評価しているのです。

腕を組んでジーっと見ていませんでしたか？

指導しても改善しない場合は、当然厳しい評価となります。

もう一度繰り返します。

普通に参加したら3、やる気のない生徒は2、妨害したら1、下手な子を馬鹿にしたりするのも1です。

では、4が付く生徒は？

これはわかりますよね。進んで取り組む子。手を上げて発言したりする態度の子です。

じゃあ、5は何か言いますね。

うまくできない子に対し、教えてあげる子です。自分ができることはもちろん、周りの仲間まで気をつかって参加できる子を高く評価しているのです。

以上の三観点。この三つの観点を総合して決めているんです。

たとえば、うちの子はテストの点が低い。テストの点は低いけど、丁寧なやり直しをしている。そして、授業中は進んで発表する。

とすると、２＋４＋４になり、合計すると10。

で、３で割ると約３・３。だからオール３の評価になる（４が数個つくこともある）。

もっと言えば、テストの点数が０点だったとする。

つまり、１ね。

だけど、宿題は丁寧にやり直しをして、授業中に積極的に発表すると、１＋４＋４で合計は９。３で割ると３。つまりオール３になるんです。

すなわち、中学の成績ってテストが０点でも３になるケースもあるのです。

中学校の授業に普通に参加しているのに、通知表で１や２が付くというのは本来おかしいんです。何か取り組みに問題がある生徒と考えてよいと思います。

ちゃんとやっている子は、１や２は付かないんです。

そもそも、テストの点数が高い生徒はどういう生徒か？

真面目に日頃の授業に参加し、課題に対して積極的に取り組む子です。

現在学校は、テストという「結果を重視した評価」ではなく、「結果に結びつく取り組み重視の評価」を行なっているのです。

特別支援学級には、「知的学級」と「自閉・情緒学級」の大きく二つがある

特別支援学級には、大きく「知的学級」と「自閉・情緒学級」の二種類があります。

たとえるなら、芸能界。吉本興業とジャニーズ事務所があるように。

ジャニーズは歌とダンスをやります。

そして、将来は歌手やタレントになります。

それに対して、吉本はお笑いをやります。

ダンスやボイスレッスンはしません。

同じ芸能人といっても、内容はまったく違いますね。

これと同様に、同じ特別支援学級ですけれど、「知的学級」と「自閉・情緒学級」の二つはまったく違うものだということを覚えておいてください。

「知的学級」というのは、その子に合った学習をします。具体的には生活単元学習を中心に行ないます。

そのため、知的学級に入った子は、どうしても勉強が遅れがちになる。

結果として中学卒業後、多くの子が特別支援学校に進みます。

では、「自閉・情緒学級」はどうか。

自閉・情緒学級はその子に合った学習ではなく、その学年相応の勉強をするんです。

原則、生活単元学習は行ないません。

つまり、勉強が遅れないから、中学を卒業すると多くの子が高校へ行く。

こうした理由から、実は小学校一年生の段階で、特別支援学級を知的にするのか、自閉・情緒にするのかで、中学卒業後の進路のレールが決まってしまう。

芸能界でたとえるなら、吉本に入った段階で、もうお笑い芸人なんです。

たまに「吉本だけど、歌も歌える」なんていう人もいますが、非常にまれです。

ただ、最近になって変わってきたことは、今、知的学級でも学力さえあれば、「特別な高校」へ行ける時代になってきた。

だから、うちの子は知的学級にいるから、高校進学は無理だと思ってはいけません。小学校一年生のうちから、将来、「高等支援学校を目指している」「通信制高校を目指している」と小学校側にしっかり伝えなければなりません。

そうでないと、先生たちが教える勉強がいつまで経ってもひらがなのまま、たし算・ひき算のままということになりかねないわけです。

逆に、自閉・情緒学級の子は、その学年の勉強をするので、「いつ通常の学級に戻るのか」ということが大事になってくるのです。

全国を見ると、神奈川県川崎市のように、知的学級と自閉・情緒学級が混合している学校があります。本来、二つの学級の狙いは違うので、特別な事情がない限り、分けなければいけないのですが、横浜、川崎は現在、人口が急増していて、たくさんの先生でたくさんの生徒を見ている状況です。

特別支援学級の対応が十分にできない環境の地域もあるのです。

この場合、注意しなければいけないのが、知的学級と自閉・情緒学級は狙いが違うということです。吉本とジャニーズが混ざっていると、その子にどんな力をつけさせるのか、方針がブレてくる可能性がある。

そういう意味でも、知的学級に入れるのか、自閉・情緒学級に入れるのかという選択は結構大事になってきます。

ちなみに、学年相応の勉強をしている自閉・情緒学級から、知的学級への転籍は比較的容易です。通常の学級への転籍も勉強が遅れていないので可能です。

ところが、知的学級から、自閉・情緒学級へというのは意外と難しい。

なぜかというと、知的学級は、生活単元学習が中心で、勉強が遅れてしまっているから。知的学級に入れるということは、絶対とは言わないけれど、自閉・情緒学級や通常の学級に戻りにくくなる傾向がある。そこは学校や担任とよく相談して進路指導を受ける必要があります。

また、特別支援学級から、特別支援学校へ転籍することは比較的容易ですが、特別支援学校から通常の学校へ転校することは容易ではありません。

特別支援学級から通常の学級へ転籍するときや、知的学級から自閉情緒学級へ転籍する場合は、子どもの集団適応能力はもちろん重要な要素ですが、一番はその学年の学習についていけるかどうか。それがネックになるのです。

いったん知的学級に入ってしまうと、学習が遅れて、移動が難しくなるケースが多い。

このことからも、もし、いずれ通常の学級に戻したいと保護者の方が思われるのなら、学習支援のフォローをどこでやるのかということを考えておくことが重要になってきます。

学校でフォローできていない学習支援をすべて家庭内で行なうことは、負担が大きく簡単なことではありません。仮に小学校の間はよくても、中学生の内容となると難しい。

そのようななか、特別支援が必要な子に対応する個別の塾や、学習支援に特化した放課後等デイサービスの利用をする生徒がここ最近は増えてきています（施設も増えている）。

私立中学校へ行くメリットとデメリット

では、私立中学校へ行くメリットとはなんでしょうか。

これまでは私立学校というと、進学のための学習特化やスポーツ・部活動特化の学校が一般的でした。

しかし最近は、前述したように、特別支援に特化した私立学校、星槎のような中高一貫校が注目を集めています。

今後、子どもの数が減少傾向の中、私立学校は生き残りをかけて様々な取り組みを工夫していくはずです。現在ニーズの高い、特別支援が必要な生徒のための学校や不登校傾向のある生徒に対応した学校が新設されてくるでしょう。保護者の皆さんも期待してよいと思います（※私立だけではありません。岐阜市では、二〇二一年より、不登校に特化した公立中学校も新設されました）。

私立という学校は、高い授業料で成り立っています。公立学校に比べて、より丁寧な生徒指導が行なわれて当然と言えば当然です。

そういう意味でも私立中学に進むという選択はあり得るかもしれません。

さらには、学校や教師の温かい受け入れとあわせ、中高一貫校だったりすると、高校受験のストレスがないのもメリットです。

中学・高校の六年間、同じ環境で過ごせる一貫校は、新しい環境が苦手な発達障害や知的障害の子にはお勧めです。また、卒業後の進路についても推薦があったりします。先生の異動がない。替わらないという点もメリットですね。

一方のデメリットは、ご存じの通り、学費が高い。

慣れ親しんだ地元の友達が少ない。

自宅からの距離が遠くて、通学時間が長くなる場合がある。

もしその私立学校に慣れなくて、公立学校に戻ってくると、偏見の嵐にさらされることもある。私立に進んだ子が公立に戻ってくると、「あいつ、私立でダメだったから、こっちに来たんだ」みたいな目で見られてしまうわけですね。

そうしたケースもあることを、ぜひ、留意していただきたいです。

メリットとデメリットを事前に考えておくことは非常に重要なことです。

チームを組んで話し合いを進めることの重要性

保護者の皆さんと教育相談や進路相談をしていると、「担任の先生と話がかみ合わない」という悩みをよく受けます。

それは、毎年のように担任が替わることや、先生自身に理解がないこと、保護者自身がお子さんの実態を理解していないこと、など様々な原因があります。

では、どうすればよいのか。

私が一番お勧めするのは、担任と保護者と一対一で話し合うのではなく、様々な人を加えてチームで考えるということです。

具体的には、以下のメンバーを加えるとよいと考えます。

保護者の皆さんから、積極的に呼びかけてみてください。

まずは、**教頭先生**です。

教頭先生は、管理職です。発言に責任をもっていますし、学校職員全体への指導もできるのです。影響力は大です。

学校全体の代表というと保護者の皆さんは「校長先生」と思われるかもしれませんが、校長先生は、学校の代表であり、最終決定者です。ですから、PTAや学校外との窓口、特別支援教育に関する担当は、一般的に教頭先生が代表者となっています。

●学校内での評価の問題（内申書の点数について）
●通常の学級との交流についての問題
●卒業先の進路と交渉についての問題（特別支援学校や高校との話し合い）

などの内容は、担任だけでは判断できない問題で、後で管理職と話し合うといっても、二度手間になってしまいます。はじめから一緒に参加してもらい、指導を仰ぐ形をとることが効率的です。

次に**スクールカウンセラー**です。

本当なら、主治医に参加してもらうのがベストですが、忙しい医師に直接参加してもらうことは現実的ではありません。

そこで、スクールカウンセラーです。スクールカウンセラーは、各教育委員会が雇っている専門家です。事前に依頼をすれば、専門家の立場で中立的なアドバイスをしてくれると思います。特に以下のような内容についてのアドバイスに期待ができます。

- 通常の学級に戻すことがよいかどうか。（発達検査・知能検査の結果からアドバイス）
- 学級内での机列の配慮や係・委員会・当番活動の配慮、宿題の量の配慮
- 今後の継続的な相談体制の依頼

外部に依頼するなら**特別支援学校のコーディネーター**がよいと思います。

現在、学校現場で一番の問題が「教師の専門性」です。そこで、現在では、「特別支援学校のセンター的機能」の活用が文部科学省からも提案されています。

この制度は、学校長が地域の特別支援学校に要請すると、専門家である特別支援学校のコーディネーターが各小中学校に来校し、アドバイスをしてくれるものです。

保護者サイドの参加者も重要です。教育関係者ばかりが会議の中で増えてしまうと、保護者の皆さんも萎縮してしまいますよね。

私がお勧めするのは、以下のメンバーです。

①子どもの日頃の様子や実態を知っている放課後等デイサービスの児童発達管理責任者
②フェアな立場で保護者の味方になってくれる相談支援事業所の相談員
③家庭の中で決定権や影響力をもっている親族（父親・祖父母等）

担任と保護者の一対一の話し合いだけでは、決められることが限られており、その決めた内容が正しいかどうかもわからないことが時々あります。

より効果的で効率的な話し合いをするのならば、「チームによる話し合い」が一番の解決策と思います。

できるなら、このような話し合いは「単発」で行なうのではなく、年に一〜二回、年度の中間の夏休みや年度末の春休み中に定期的に行なうようにすると、より効果があると考えます。

第4章

幼・保卒園時代から小学校までの進路を考える

通常の小学校と特別支援学校小学部の違いは何か？

ここまで、一八歳の出口から高校、中学へと時間を遡りながら、見てきました。

そこで、次は、幼稚園や保育園を卒園してから、小学校までの進路について説明します。

では、通常の小学校と特別支援学校の小学部では、何が違うのでしょうか。

①学習内容が違う
②教員の人員配置が違う
③教師の専門性が違う
④バスの送迎がある
⑤子どもの身辺自立ができているかどうか

このような五つの違いがあります。一つずつ解説していきましょう。

①学習内容が違う

皆さんは、特別支援学校に小学校から通う子は、どのような子どもたちとお考えでしょうか。簡潔に言うと、「小学校入学時に身辺自立ができていない子ども」が、特別支援学校で教育を受けることになります。

私は、三年間教育委員会の中で、「就学指導委員会」という就学してくる園児を判定をする仕事に就いていましたので、よく知っています。

特別支援学校というのは、「子どもが自立して生きていくために、必要な力をつけるところ」なので、小学校一年生の段階においては、国語や算数といった勉強はほとんど行ないません。

そのため、特別支援学校では、まず自立訓練が中心となります。

たとえば、手を洗うとか、着替えをするとか、食事をするとか、トイレでうんちをするとか、身辺自立の訓練を中心に行なうのです。

私の経験上、ひらがなや算数の勉強は、小学校三年生くらいから始まります。特別支援学校では、通常の小学校一年生でやる勉強を、小学三年生ぐらいから始めるのです。

だから、一年生の教室には、学習の足あとを残した掲示物は、ほとんどありません。

特別支援学校に見学にいくと、子どもが先生と遊んでいるだけのように思えます。

多くの保護者の方は「えっ？」と思われるようですが、特別支援学校の小学部は、一般の小学校とは違うところなのです。

勉強と身辺自立でどちらが優先されるかというと、身辺自立となるわけなのです。

ですから、勉強の前に、まず自分のことが自分でできるようになる「身辺自立」の力を高めることが重要になるのです。

②教員の人員配置が違う

通常の小学校では、通常の学級はもちろん、特別支援級でも、担任は一人。やむを得ない事情があるときだけ、サポーターが付く場合もありますが、原則は担任一人だけです。

それは、なぜか?

入学してくる子どもが、ある程度「身辺自立」ができているので、一人の先生でも指導できると考えられているからです。

ところが、特別支援学校というのは、身辺自立ができていない子どもが入学してくるので、教室には、正規の常勤の担任が二人います。

たとえば、トイレや食事、着替えの介助が必要な子に対しても、しっかり先生が一人付いてくれるんですね。

しかし、現在は定員が超過しても新たな特別支援学校建設が間に合わず、緊急的に一クラスに三人体制で対応している特別支援学校もあるようです。

教員の人的な配置は、完全に特別支援学校のほうがいいわけです。

③教師の専門性が違う

私がある県の教員全体を調査した結果、特別支援学校の免許取得者は全教員の五％程度でした。その五％の免許取得者の約三％が、特別支援学校で勤務しています。

結果的に、特別支援学校の先生は、その半数以上が特別支援学校の免許を持った先生です。一クラスに二人いる先生のうち、どちらかが免許を持っていることになる。

特別支援学校の先生でも、免許を持っていない先生がいるのには「えっ？」と思われるかもしれません。しかし、特別支援学校の教員免許取得者は本当に少なく、特別支援学校でも必ずしも特別支援学校の免許を持っているとは限らないのです。

一方、通常の学校では、残りの約二％程度しか特別支援学校の免許取得者がいないので、五〇人に一人しか免許を持っていないことになる。

つまり、特別支援学級であっても、特別支援の免許を持っていない先生が多いわけです。だから、専門の特別支援の免許を持っている先生に質の高い教育を行なってほしいと思うのならば、特別支援学校に行くしかないわけですね。

特別支援の免許を持っているということがすべてではありませんが、質の高い教育を行なっていくうえで専門性は非常に大切です。

そこで教職員の研修だけでは満足できずに、教員になってから、働きながら通信教育などで学び直し、特別支援学校の免許や心理系の資格を取得しようとがんばっている先生も多く出てきています。すばらしいことですね。

④バスの送迎がある

特別支援学校のほとんどには、幼稚園バスのようにバスの送迎があります。

自宅近くに集合場所（バス停）があり、決められた時間に添乗員付きの送迎バスが来ます。

特別支援学校に通う生徒たちは基本、障害が重い子がほとんどなので、バス停までは親子で来る場合が多い。

なかには、〝自力通学〟というところもありますが、原則として、ほとんどの特別支援学校にバスの送迎はあります。通常の小学校だと、よほどの過疎地とか山間部などでない限り、バスによる送迎はありませんよね。

しかし、気をつけなくてはいけないのは、将来の「就労」のことを考えると、バス送迎を当たり前に考えてしまうと危険だということです。

なぜなら、ほとんどの一般就労が「自力通勤」を原則としているからです。

作業所や授産所等の場合は、自宅までお迎えに来てくれる場合がありますが、如何せん賃金が安いのです。

そのため、最近では特別支援学校でも、自力通学を重要視するようになってきています。また、高等特別支援学校を志望する場合は、自力通学が入学の条件になっています。受験する段階で自力通学できないと、入学を拒否されてしまいますので注意してください。

いずれにしても、身辺自立と移動が、まずは優先されます。学力は二の次ということになるわけです。

⑤子どもの身辺自立ができているかどうか

保護者の多くは、通常の小学校に通わせたいために、言語訓練や読み書き訓練、集団訓練をさせたがります。

ですが、本当に大切なのは、「三大身辺自立」ができているかどうかです。トイレの自立、食事の自立、着替えの自立ができているか。この三つが自分一人でできるかどうか。

この三大身辺自立が、通常の小学校に行くか、特別支援学校へ行くかを決める「分かれ目」なんです。

通常の小学校では担任が一人しかいません。身辺自立ができていない子に先生がマンツーマンで支援すると、他の子が放置状態になってしまう。

すると、担任が二人いる支援学校へ行ったほうがよいと判断されるわけです。

それでも保護者が「支援学校は嫌です。うちの子を通常の小学校に入れたい」と強く言おうものなら、「ならば、お母さんが仕事を辞めて、お子さんの側に付いてください」と言われてしまいます。

お母さんはこう答えます。

「私が仕事を辞めたら生活できません。誰か先生を一人付けてください」

ですが、こうした願いはほぼ聞き入れられません。

公立の学校では、行政が先生方の給与や学校運営にたくさんの予算を使っています。

クラス・学年全体で一人のサポーターを付けることは可能かもしれませんが、一人の子のために一人の先生を付ける予算、税金の余裕はありません。

そういう状況なので、教育委員会からは、「だったら、担任が二人いて、個別の支援が充実している特別支援学校へ行ってください」と返されてしまうのです。

だからこそ、三大身辺自立が重要なんです。

「うちの子は文字が書けます」「英語をしゃべれるんです」「数も数えられます」だから、「通常の小学校に入学させたい」と保護者の皆さんは言いますが、やはり、「トイレの自立ができていない」「一人で食事ができない」「着替えが一人ではできない」となると、一人の担任では日頃の指導ができなくなるわけです。

身辺自立ができていない場合は、原則、特別支援学校となるのです。

特別支援学級と「通級」、そして通常の学級の違いは何か？

まず、重要視されるのは、身辺自立ができているかどうか。

できなかったら特別支援学校、できていたら通常の小学校です。

そして、通常の小学校の特別支援学級は、知的な遅れのある「知的学級」と知的な遅れのない「自閉・情緒学級」に大きく分かれます。

「うちの子は自閉症だから」といっても、知的な遅れがあったら知的学級です。

それは、〝知的な遅れがあるかないか〟が、特別支援学級を決めるときにまず重要視されるからです。

知的な遅れがあるなら知的学級、知的な遅れはないが、特別な支援が必要なら、自閉・情緒学級、個別な支援が必要ないなら通常の学級という形で決めていくわけですね。

知的学級というのは、特別支援学校と同様、生活単元が中心になります。

しかし、特別支援学校との違いは、その子に応じて、教科の学習が入ったり、通常の学級との交流学習が入ったりすることです。

特別支援学校に行くと障害の重い子が多いので、通常の学級の子との交流は、ほとんどありません。ところが、支援学級では通常の学級との交流もある。

また、知的学級の生徒は知的な遅れがあるとはいえ、身辺自立ができているので、ひらがなやたし算は小学校一年生のときから始めます。

勉強の進み方は、その子に合わせて、ゆっくりとなりますが、教室に行くと「学習の足あと」が掲示されていたりします。

一方、自閉・情緒学級は、通常の学年の教科の学習内容にプラスして自立活動がある。たとえば、「列に並べない」「負けると怒る」など、そういう情緒面の課題を、ソーシャル・スキル・トレーニングなどの自立活動で訓練するという進め方なんですね。

そのうち、我慢ができるようになったり、怒らなくなったり、落ち着きが出てきたら、生徒にもよりますが、通常の学級に戻るケースも多いのです。

ところで皆さん、「通級《つうきゅう》」ってご存じでしょうか。

あまり聞き慣れないかもしれませんが、特別支援学級に行くほどでもない子が、通常の学級に在籍しながら、週に一～二時間だけ、「通級」に行き、専門性ある個別の指導を受けるというものです。

前述したように、通常の学校には特別支援が専門の先生が少ないので、三つか四つの学校の中に一つの割合で通級が置かれています。

通級の教室では、特に「言葉の教室」と「情緒」の二種類が多く、「LD学級」「ADHD学級」など、「情緒」の通級の教室がより細分化されている市町村もあります。

対象の生徒は通常の学級に席を置き、週に一～二時間だけ抜き出しで授業を受けます。ただし、自校の中にそうした通級があるのならよいのですが、他校にある場合は、親が仕事を休んで送迎しなくてはならないのが欠点です。

ちなみに、愛知県の一宮市では、先生が日替わりで学校をまわってくれるので、保護者の送迎が必要ありません。たとえば、月曜日は●●小学校、火曜日は◆◆小学校というふうに。これ、「一宮方式」っていうんです（文部科学省の指定を受けて発表もした）。

通常は通級の先生が一つの小学校に固定でいて、親が子どもを送迎するのが一般的です。

さて、この通級、週に一～二時間程度の指導で「子どもに力がつくのか？」。

そんな質問をよく受けます。

確かに、週に一～二時間程度では、なかなか身につかないかもしれない。

ですが、担当の通級の先生が毎年替わらないのは、通級の最大のメリットです。通常の学級の先生が毎年のように替わっていく中、通級の先生は三～五年間にわたって、ずっと同じように子どもを継続的に見てくれる。子どもに寄り添いながら。

具体的な例として、宿題の内容や量、席の配慮など、通常の学級の担任の先生にアドバイスをしてくれるのです。

親が直接、担任に話すと「モンスター・ペアレント」と呼ばれかねない。

ところが、親が必要事項を通級の先生に伝え、通級の先生が担任に話してくれると、担任の先生は結構、素直に聞いてくれたりします。

そういう意味でも、通級というのは、「専門性のある継続的な教育」という観点から、有効で、大変効果のある指導方法だと思います。

将来を見据えた「個別支援計画」の重要性

特別支援学校や特別支援学級に在籍している子どもたちに対して、文部科学省は「個別の支援計画」の作成を義務づけています。これは、一人ひとりの将来を見据えて、担任が毎年替わっても、継続的な教育を受けることができるようにするためのものです。

しかし、現在は、通常の学級にも特別支援を必要とする子どもが増え、通常の学級に在籍しながら「通級」という場で指導を受けることも広まってきました。

そうです。通常の学級でも配慮のある支援が当たり前の時代になってきたのです。

そこで、文科省は、従来、特別支援学校や特別支援学級に在籍する子のためのものだった「個別の支援計画」を、必要に応じて通常の学級においても作成できるようにしました。

すなわち、在籍のクラスや発達障害の診断の有無に関係なく、必要があれば「個別支援計画」が立てられるようになったのです。

たとえば、「この子の席は前のほうがよい」「隣の席はお手本を見せてくれる、落ち着いた女の子がいい」などの席の配慮。

他にも、「得意な算数は普通の量でいいけれど、苦手な漢字練習や日記は半分程度の量がいい」といった宿題の配慮。

こうした内容を個別支援計画に明記することで、基本的に学校で引き継がれていくわけです。

ただし、担任のメモ程度ではダメです。

正式な文書として残しておかないと、担任は異動時の整理で、シュレッダーにかけてしまう恐れがある。「個人情報だから」と。

とすると、次の年、お母さんは新しい担任に向かって、また同じことを言わなければなりません。

学校は担任が毎年のように替わります。特別支援学級であっても、数年で担任が替わるのが当たり前です。

だから、個別支援計画書として、正しく書類に残しておくことが、お子さんの継続的な支援において、とても重要なのです。

ところが、学校のほうから保護者に対して、「個別の支援計画を作りましょう」と言ってくれることは、まずありません（通常のクラスの場合）。

保護者のほうから、「個別の支援計画を作ってください」とお願いしなければなりません。

個別の支援計画というものは、保護者のためのものではなく、「学校で指導するためのもの」という考えがあるからです。

では、個別の支援計画に記入しておきたい内容とは何か。たとえば、次のようなものです。

□医療との連携関係（お医者さんからのアドバイスや指示、意見書。席は前のほうがよいとか、薬はこうやって飲むなど）

□障害者手帳の有無
□通級の先生からの引き継ぎ
□心理士（師）が行なった発達検査・知能検査の結果
□保護者の希望・支援内容の確認（特別支援級には行かせず、このまま通常の学級で通常の高校進学を志望させたい。なお、本人が辛いようであれば、支援級に変更することも可能といった保護者の希望）
□学校内の引き継ぎ・連携関係（この子はこういう配慮をするとよい。有効だった配慮・支援の引き継ぎ、会議録など）

以前、こういう例がありました。個別の支援計画を使ったよい例です。

ある通常の学級在籍の自閉症の診断があったお子さんの話です。

この子は初めての場所に行くのが大嫌い。社会見学に行くとき、出発することをごねて、結局バスの出発が三〇分も遅れた。

周りの児童含めて、みんなが迷惑したんです。

だから私、秋に予定されている宿泊研修のキャンプに向けて、その子の両親にこうお願いしました。

「お休みの土日のどこかで、宿泊訓練の予定会場で事前にキャンプをしてきてください」と。本番前に、どこでキャンプをやるのか、会場はどんなところなのかをあらかじめ確認しておけば、その子も嫌がらずに行動できるはずだと考えたからです。

そうしたら、予想通り、秋のキャンプ本番では、「サッ」と学校を出発できた。

この子のポイントはコレだと思いました。そこで、修学旅行のときもキャンプと同様に、事前の練習（行く機会を設けること）をするとよいことを支援計画に書き込み、保護者にも話しておいたのです。

年度末、私はその子を続いて担任する予定でしたが、異動となってしまいました。ところが、個別の支援計画にそのことを明記し、保護者にも伝えていたことで、新しく担任になった先生との連携が問題なくでき、六年生の修学旅行もちゃんと行くことができたのです。

五年生のキャンプも修学旅行も、事前に家族で行ってもらうことで、本番もうまくできた。個別の支援計画を使って、よい支援、成功した支援を引き継ぐこと、これも個別の支援計画作成の利点です。

だから、中学校に行っても、やれるはず。六年生での成功事例は、さらに個別の支援計画に書き込まれ、その後の中学校への引き継ぎでも活かされていきました。

ところが、こうした有効な支援方法など重要な情報を引き継がないで放置しておくと、新しい担任の先生は、「え、そうだったの？」「知らなかった！」ということになる。

たとえば、保護者の皆さんが先生に「小学校のときは、事前に練習に行かせてもらいました」と話したとします。

しかし、先生は、「えっ！　お子さんはそんなことをしていたんですか？」と驚かれてしまって終わり。これでは何にもなりません。

〝原則だけで判断しない〟で、実際の学校の状況を事前に確認しておく

また、〝原則〟だけで判断してはいけません。

先ほど、身辺自立ができていない子は特別支援学校、できていたら特別支援学級、知的な遅れがあったら知的学級へと述べました。

これはあくまで「原則論」であって、例外のケースもあります。

たとえば、学校側から、手厚い個別対応ができるからと特別支援学級を勧められた。そこで、実際に特別支援学級を見学に行ってみたら、まるでドラえもんに出てくる、ジャイアンみたいな子がいっぱいいて、低学年の子を叩いていた。

学校の勧めに従って、特別支援学級に行かせたけれど、暴れる子が多くて、通常の学級の

在籍のときよりも、さらに情緒が不安定になり、暴れるようになってしまった。

このように、子どもを特別支援学級に通わせてみたけれど、実際は手厚い支援を受けられなかったという保護者の相談は実は多いんです。

その原因を探ると、

●先生自身の指導力に問題があるケース
●より個別指導が必要な生徒がいて、わが子に支援がまわってこないケース
●学校や他の保護者の理解が少ないケース

などがあげられます。

特に、自閉・情緒学級の場合、そのようなケースが多々あります。

自閉・情緒学級って、「バーッ」と暴れる子や「カーッ」となる子が多いので、そこに子どもを入れたら、これまでより一層暴れるようになったということです。

つまり、特別支援学級に入れればよくなるという、簡単な問題ではないということです。

特別支援学級を勧められたなら、まず「どんな先生なのか」「他にどんな個別対応の子がいるのか」「自分の子にも支援の手がまわるのか」「学校や他の保護者の理解があるかどうか」などをしっかり調べて、十分に検討してから特別支援学級に入れるようにしてください。

これらは、一度、特別支援学級を見学すれば十分わかります。保護者の皆さんの「勘」は、

結構な確率で当たるものです。

それから、実はなかなか知られていませんが、小学校の入学前のお子さんは、小学校ではなく地元の市町村の教育委員会が担当します。入学予定の学校に直接問い合わせても、入学前は対応してもらえません。ですから、○○市立□□小学校に入学予定であれば、○○市の教育委員会に問い合わせましょう。

また注意として、たとえば岐阜「市立」小学校のことを、岐阜「県」教育委員会に問い合わせても対応してもらえません。「岐阜市立小学校」のことは「岐阜市教育委員会」です。

もちろん、入学直前になってからの「入学式の練習をどうしましょうか？」といった問い合わせは、直接学校でも大丈夫です。

なお、入学する小学校は学区で決まっています。

あなたの住んでいる地域は、「○○小学校です」と決まっていますよね。でも、その学校には知的学級しかないとか、通級が自校にない場合、近くの学校に特例として越境して通学できる場合もありますので、各教育委員会に相談してください。

通常の学級から特別支援学級へ替わるということ

次に、通常の学級から特別支援学級に替わるときに注意しなければならないことを説明しますね。

「通常の学級から特別支援学級にしてください」とお願いするのは容易なんです。

ただし、

- この先ずっと特別支援級で中学校三年生まで進むのか？
- いずれ、また通常の学級に戻そうと思っているのか？
- いつ戻そうとしているのか？

など、将来の進路とお子さんの可能性を十分検討したうえで、特別支援級への転籍を決めることが重要です。

前章までに、特別支援学級を選び、そのまま卒業するのか、それともいずれ通常の学級に戻すのか。その選択によってその後の進路が大きく変わってしまうことを説明しました。

特に学校に勧められて特別支援学級に入る際は必ず、事前に今後の見通しを学校側と確認して「約束」しておくことが重要です。

特別支援学級に入ってから考えるでは遅いのです。

なぜなら、特別支援学級を勧めた当時の先生は、通常の学級に戻ろうとする時には転勤で学校にいない可能性が高いからです。


実は私、教育委員会でこうした学級を振り分ける判定の仕事を担当していました。しかし、この仕事は、未就学児（小学校に入学する前の子どもたち）を対象としたものです。

実は、小学校に入ってからの担当は教育委員会ではありません。学校の中の会議や話し合いの中で、先生たちによって実質決められていくのです（その後、判定委員会へ）。

そのため、入学してから教育委員会に苦情を言われても、対応に困ることになります。

ですから、小学校入学以降は、各校の特別支援教育コーディネーター（特別支援教育に関する各学校の担当主任）を中心に、特別支援学級の先生や通常の学級の先生と話し合って、「通常の学級がいいのか、特別支援学級にするのか」「どのタイミングで通常の学級に戻すのか、戻さないのか」などについて、個別の支援計画をもとに考えていってほしいのです。

一度、小学校に入ってしまうと、教育委員会の職員は原則、先に口を出せません。

だからこそ、絶対に学校の担任や先生方と喧嘩をしてはいけません。学校側とよく連携を取りながら、お子さんの将来の見通しに沿って、進路の変更をしていってください。

特別支援学級から通常の学級へ替わるタイミングとポイント

これは、学校心理士SVとしての私の考えですが、小学校五年生で通常の学級に戻るのがベストだと考えています。

中学校一年生になると不登校が四倍に増えるといわれています。

ただでさえ、不登校が四倍になる時期、通常の学級の転籍なんて負荷をかけたら、不登校になるのは明らかです。

まずは、小学校五年生の段階で通常の学級に慣れさせる。

そして、次の中学校で慣れさせるという、スモールステップです。

では、なぜ小学校五年生がよいのか。

仮に小学校五年生の転籍でうまくいかなくても、もう一回、六年生でやり直すことができる。二回のチャンスがあるからです。

担任やクラスとの相性もあります。

そういう意味で、小学校五年生でいったん通常に戻す。

どうしても無理な場合は、六年生でリベンジするというのはアリだと思うのです。

それから、余裕をもって準備するなら、転籍する三年前から取り組むのがベターです。いきなり、「来年から通常に戻したいんです」というのは危険です。段階的に通常の学級と交流を増やしながら、ゆっくり無理なく取り組むことが大切です。ですから、五年生で通常の学級に戻そうとするなら、実際には小学校二年生、一年生から取り組まなければいけませんね。

つまり、小学校入学して特別支援学級に入った時点で、通常の学級に戻すかどうかを考えなければならない。

私が本書の冒頭に述べた、〝ゴールを見据えて〟ということにつながるわけですね。「そんな先の話、まだいいんじゃないですか」ではいけないのです。

そして、「できることからの出発」という考え方が大切になります。学校の都合ではなく、その子のペースで、できる教科から通常の学級との交流を増やしていきましょう。

通常の学級に戻って起きる環境変化は、学習面だけではありません。

掃除や給食、学級遊びや集会、朝の会、帰りの会なども通常の学級に適応していかなければなりません。

勉強だけでなく、このようなコミュニケーションを必要とする学校活動も含まれます。無理をして通常の学級に早く戻しても、不適応や不登校を起こしては意味がありません。

じっくり、じっくり、できることからやらせていくということが大事なんです。

そして、最終的には一日中、通常の学級で過ごすという体験をさせましょう。

子どもへの告知の仕方とタイミング

続けて、子どもへの告知は、どのようにするのがよいかお話しします。

まずは、時期です。私は、子どもの発達の段階からして、一〇歳になる小学校四年生から五年生の間をお勧めします。

それは、「一〇歳の壁」といって、自閉症など、課題のある子たちが、ある程度周りのことがわかってくる時期だからです。加えて、周りの子どもたちも精神的に成熟し、受け入れる力が高まってきているからです。

次に告知の仕方です。

私は「浅いプール理論」という考え方で、特別支援学級に入る意味を子どもたちに伝えています。


ひとつ質問です。

「大きいプールではうまく泳げないとしたら、あなたはどうしますか？」

溺れても大きなプールで泳ぎますか？

それとも大きなプールで、浮き輪を使って一人で泳ぎますか？

それよりも、浅いプールで息継ぎとバタ足ができるようになってから、大きなプールに戻ったほうがいいんじゃないですか？

特別支援学級も同じなんです。

皆さんは、浅いプールで練習している子を馬鹿にはしませんね。どうしてあげるとよいと思いますか？

そうです。「がんばれー」って、応援してあげることですよね。

では、もう、「特別支援学級の子たちをからかうことが、いかによくないことかわかりましたね」という具合です。

これは、高い跳び箱が跳べない子が、低い跳び箱の特設セットで練習したり、逆上がりができない子が壁を蹴って補助具で練習したりするのも同じです。

今、できない子たちが、その子に合った場所で精一杯練習できる場、そして、いつかみんなと同じ場所に戻ってくるように練習する場、それが特別支援級なんだという説明が正解なのです。

だから、特別支援学級にいる子を馬鹿にする子が、愚かなんです。

私はクラスの子たちに、いつもこう話しています。

特別支援学級の子を見たら、「応援してあげよう」と。

浅いプールで泳いでいたら、「早く大きなプールでいつか一緒に泳ごうね」と。

そういう温かい励ましをする仲間じゃないといけないんじゃないか、と話しています。

皆さんは、どうお思いですか？


現在は、発達障害は障害ではなく、タイプという考え方に変わってきています。

自閉症スペクトラム障害は「自閉スペクトラム症」、注意欠陥多動性障害は、「注意欠如多動症」、学習障害は「限局性学習症」というように。

つまり、障害ではなく、症＝タイプだという診断名になっています。

これまでの〝障害〟という呼び方が、保護者や子どもたちの間で受け入れられなかったので、診断名も変わってきているんですね。

そう、「お子さんは障害ではなく、タイプである」。

まずは、保護者とお子さん自身が、自分のタイプを受け入れ、自覚することが重要です。

保護者だけで告知するのが無理な場合は、医師や専門の心理士（師）などを活用するのもよいと思います。

一番身近なところでいえば、スクールカウンセラーに相談して、保護者と本人、担任が同席して告知の場を設けるのもよいかと思います。

診断名を付けるかどうかは、医師によって決められるものです。通常の小児科では断られることもあるようです。学校心理士SVの資格を持つ私としては、バックアップとして、専門の医師に診てもらうことをお勧めします。「小児発達外来」や「小児精神科」の看板を掲げているところがよいと思います。人気のあるところは、二、三カ月待ちとなりますので、早めの予約が必要となります。

「運動特化」の放課後等デイサービス

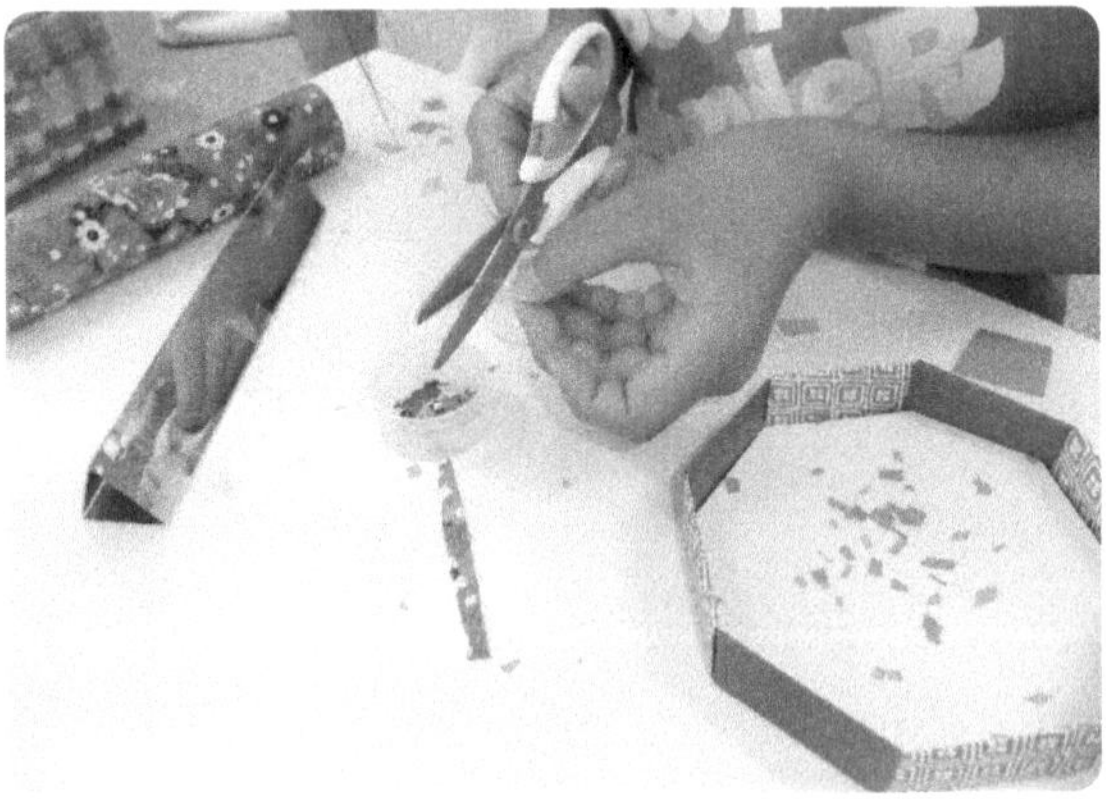

特別支援学校の作業訓練の様子（万華鏡作り）

第5章

未就学期に考えておくこと・取り組んでおくこと

「継続的な療育」の準備を早期からしておくことの重要性

幼稚園や保育園の時期に、考えておくべきことはなんでしょうか。

通常の保育園・幼稚園で障害のある子どもを受け入れると、加配制度（生活面や集団参加をサポートする保育士などが付く制度）が適用されるので、加配の先生が付きます。

すなわち、人的なサポート、配慮が受けられる。

しかし、有資格者による専門的な療育は期待できません。

幼稚園教諭、保育士の養成課程では、専門的な学びをする機会が少ないからなのです。

そのため、市町村が実施する質の高い療育、たとえば、療育センターなどを利用することになりますが、回数も少ないうえに大人気で、予約が入れられない。

しかも、そのサービスは小学校入学時で終了することが多いのですね。

中には、個人で療育を行なっているところもありますが、料金が高い。一回一時間で一万円というところもある。

つまり、保育園・幼稚園の早期から、継続的な療育を始めるのは難しい面がある。

公的な機関は回数が少ないし、民間では料金が高いという実状なんです。

そこで、私がお勧めするのが「児童発達支援事業」です。

これは、児童福祉法に基づくサービスのひとつで、小学校から利用できる放課後等デイサービス事業の未就学児童版です。未就学の子どもたちを少人数で療育してくれる施設があり、自治体が定める日数と自己負担額の範囲で利用できます。

児童発達支援事業を営む施設は様々あります。経営する会社や店舗により、サービスがまったく異なるため、内容をよく見比べて選ぶ必要があります。

言語聴覚士や作業療法士、理学療法士など、専門的な職員が在籍していたり、他の療育機関や病院と連携をはかってくれたりするところもあります。

私がお勧めするのは、児童発達支援サービスと放課後等デイサービスの両方を運営している会社の施設です。その理由は、卒園して小学校入学後も放課後等デイサービスを利用することで、療育を継続してくれるからです。

施設には、児童発達支援のみ実施しているところが多いですが、もし可能なら、児童発達支援と放課後等デイサービスが併設されていて、その後のフォローも継続してくれる事業者を選んでほしいと思います。

また、児童発達支援・放課後等デイサービスには、保護者の相談事業も含まれています。

子ども側の支援だけでなく、保護者からの相談対応、支援も充実しているか。園の相談者が小学校入学以降も、継続して相談ができるかもポイントになります。

すなわち、親も子も、両施設につながっていたほうがよいということですね。

「医療プラス教育」に福祉の力もフル活用するメリット

続いて、医療と教育と福祉についてです。

療育というのは、**医療**プラス**教育**なんです。

時々、「病院へ行くのは嫌だ」「医師からお勧めされたが投薬だけは受け入れられない」という保護者の皆さんがいますが、そんなことを言っていてはよくありません。

いいですか？

子どもたちをより良く伸ばしていくためには、「教育サービス」と「医療サービス」、そして「福祉サービス」をフル活用することが重要です。

現状、お母さんたちは、幼・保育園、児童発達支援やデイサービス、病院、それぞれバラバラにかかわっていますよね。

それを全部つなげる。最終的にはこの三つのサービスを融合させることによって、子どもたちは大きく伸びていくことができるのです。

私は、各サービスにおいて、以下の提案をしてみたいと思います。

たとえば、「教育サービス」において。

スクールカウンセラーへの相談は、いじめ対策だけではありません。

スクールカウンセラーの多くは、そもそも臨床心理士や公認心理師、学校心理士など様々な資格を持った心理職です。たとえば、教育委員会が保有する検査キットを使って、知能検査を無料でやってくれることも十分可能です。

先ほど、園や学校には専門の先生が少ないと述べましたが、センター的機能といって、地域の核となる特別支援学校の専門の先生、教育コーディネーターが園や学校を巡回して指導してくれる制度もあるんです。

つまり、文科省はセンター的機能を活用して、特別支援学校の特に経験の豊かな指導者を園や小中学校に派遣し、親の相談や教師の指導にあたらせているわけです。

こうした教育サービスをフル活用してみましょう。

教員に対する不平不満を言ったって始まらない。文句を言う前に、スクールカウンセラーや特別支援教育コーディネーターから、効果的なサービスを受けるようにしてください。

次に福祉サービスについてです。

児童発達支援や放課後等デイサービスは、福祉サービスのひとつです。

何がすばらしいかというと、地域の相談支援事業所を通じて、これらのサービスの核を担ってくれるんですね。

園や学校では、病院や福祉施設との積極的な交流は難しい。

病院のお医者さんが、園や学校に出向くことはめったにありません。

ところが、この福祉サービスは、園や学校、病院との連携も担ってくれます。

では、なぜ、そのような連携をはかってくれるのか。

厚労省による、地域に置かれた相談支援事業所では、障害のある人が自立した日常生活、または社会生活を営むことができるよう、各施設の紹介や相談はもちろん、各種機関との連携にも相談に乗ってくれるからです（現在は、こども家庭庁もかかわっている）。

そして、地域の相談支援というのは、厚労省で定める基準を満たし、各道府県、自治体の指定を受けた事業者がサービスの提供を行なっています。

つまり、基準を満たせる事業者には加算というメリットもある。

これが、福祉サービスのベースになっているのです。

園や学校の先生は、どうしても校内・園内だけの視点で教育を考えてしまうものです。

だから、子どもに適した児童発達支援や放課後等デイサービスの施設に入ることで、後々、幼稚園、保育園や学校、医療機関との連携もうまくいくはず。

連携のカギは、福祉サービスにあると思ってください。

最後に、医療サービスです。

具体的には、病院やリハビリセンターですが、注意すべきは予約が非常に困難なことです。新規の受付を中止している病院もあります。受診の予約で数か月待ちは当たり前ですね。ですから、早期から予約を入れることをお勧めします。

それと、医療サービスのメリットとしてあるのが、医師の確定診断以外に、「～の疑い」などの診断でも、教育機関の合理的な配慮が受けられることです。

子どもに対する園や学校の反応、動きがよくないときは、お医者さんに診断書や意見書、指示書を書いてもらうと、親が口頭で伝えるより、効果的です。

医師によるものだと、園や学校は動きやすいんです。

たとえば、「うちの子どもは牛乳が苦手です」と保護者が伝えた程度では、園や学校は指導として、「がんばって、一口飲みましょうね」となりますよね。

ところが、医師による「この子は牛乳アレルギーの疑いがある」との診断が書面で出されれば、先生は絶対に飲ませません。そういう意味で、医師の意見書などを活用するのは有効なのです。

なお、かかりつけ医などから、飲むように勧められた薬があるならば、薬は積極的に使うべきだと私は思っています。

子どもたちの実態を知る検査の種類とその活用方法

子どもたちの知的能力を調べる検査、発達検査には様々なものがあります。

代表的な検査として、田中ビネー、WISC-○○（ウィスク）、新版K式、K-ABCなどが有名です。

障害者手帳発行の診断には、主に田中ビネーを使います（関西圏では新版K式を使用する場合が多い）。

学校の中で適応できるかどうかを判定するにはWISC-○○（ウィスク）。

関西圏でK式が主に使われるのは、K式の「K」が京都式であるということもあります。未就学の子にも簡単できるというよさもあり、全国的に未就学の子どもを検査するときには、新版K式を使うことが多くなります。

それと、二つのことが同時にできるか（同時処理）、またはプラモデルの組み立てのように物事を順番にできるか（継次処理）を診る時には、K-ABCが有効です。

このように、各検査には特徴があるので、「何でも検査を受ければよい」のではなく、検査の目的や特徴を踏まえて行なうべきです。

たとえば、障害者手帳が取れるかを知りたいのであれば、田中ビネーを。小学校で通常の学級か支援級にするかの判断にはWISC-○○（ウィスク）を。

もし、子どもが「もうやりたくなーい！」と検査会場から逃げて判定不能となった場合、新版K式なら使いやすいなど、その子に適した知能検査を選ぶことが大切です。

一般的に知能検査は、「知能指数」を「IQ」として表しますが、新版K式では、「発達指数」を「DQ」として表します。基本的に「知能指数」と「発達指数」は同じものといってもよいと思います。

さらに、検査の中には、適応能力（子どもが親亡き後に一人で生きていくために必要な力）を調べる検査もあります。

一般的には、〇歳から九二歳まで、詳細に調べることができる「Vineland-II（ヴァインランド・ツー）」という検査があります。

また、その簡易版として、前述した「S-M社会生活能力検査」があり、この二種類が多く使われています（未就学の子にはKIDSもある）。

私がかかわりのある専門医は、「S－M社会生活能力検査」よりも、「Vineland-II（ヴァインランド・ツー）」のほうを精度が高いと推奨します。

しかし、後者は検査項目も多く、時間がかかる。

ヴァインランドで検査しても、その結果を現場が活用しきれないという面もある。

子どもが具体的な目標を持って、どんなことに取り組めばよいのか、一人で生きていく力を診るには、「S－M社会生活能力検査」のほうがよいと私は考えます。

他にもいろいろな検査がありますが、こうした検査を、できれば心理職の専門家にお願いして、積極的に受けることをお勧めします。

昔は、保健の先生、養護教諭や特別支援学級の先生が気軽に検査を行なっていましたが、近年、有資格者以外、検査は行なわないのが一般的です。

その理由としては、正しい検査結果が得られないからというものですが、中には無資格者が検査を行ない、しかも結果を教えてもらえないというケースがあるので、注意が必要です。

こうした問題があるので、私は大学院に通い、学校心理士の資格を取得しました。

有資格者から正しく検査を受けて、結果においては文章で「報告書」をもらい、保管しておきましょう。検査結果は、以後、よく活かせるようにしなくてはいけません。

事前に質問し、結果を教えてもらえないような場所なら、他の検査機関を探してください。

また、検査結果は、単に数値を聞くだけでなく、その数値の意味が何を示して、今後の家庭や学校の指導にどのように活かしていけばよいかまで、しっかりとアドバイスしてくれるところを探してください。

幼稚園・保育園の選び方と連携のあり方

園の選び方と連携の仕方について、お伝えしておきましょう。

幼稚園や保育園というのは総じて、福祉サービスなど、他の機関の介入を嫌がる園が多いようです。残念ながら、これが現実なのです。

それは、たとえば特別配慮の必要な子の存在を認めたくないとか、自分たちの指導の甘さを外部に知られたくないなど、大変、愚かな理由からです。

ですから、他の機関の介入を嫌ったり、親の参観を嫌がったりするような園には、子どもを入れるべきではありません。入園しても子どもの伸びは期待できません。

園長先生や主任などの話を聞いて、課題のある子に対し、共感的に受け入れる施設を選ぶこと。実際に話をすれば、すぐにわかります。このことがまず一番大切です。

特別支援が必要な子は、定型発達の子ども以上に、「この先生（園）は、自分を受け入れてくれる先生（園）なのか？」を気にします。

子どもが思う前に、保護者が「この園は、うちの子を受け入れてくれない」と判断したのなら、子どもに体験させるまでもありません。

なお、鼓笛隊や演劇、合唱などを無理やり強いるような園も子どもに大きな負荷を与えることになります。参加の配慮がない場合は、注意が必要と考えます。

日々、家庭でできる簡単な療育

療育において、日々、家庭ではどんなことをするとよいのでしょうか。

読み聞かせ、パズルや間違い探し、神経衰弱、手品、お手伝い、双六、けん玉、ジャンプごっこ、ボール投げ、雑巾がけ、手洗いやマスク、シートベルトをする……。

こうした経験や体験は、昔は園や学校、地域など様々な場所でありました。ところが今、園や学校は、ゆとり教育が終わり、勉強だけでアップアップの状態です。地域の行事も子どもの減少とともに縮小されてきています。

今後は、家庭、または児童発達支援や放課後等デイサービスを活用して、子どもにたくさんの経験をさせていく機会を補充していくことが重要になってくると考えます。

小学校入学までに、一通りのことを体験させておくことは非常に重要なことです。もし、家庭でできなかったら、豊かな体験ができる児童発達支援や放課後等デイサービスを積極的に利用するべきだと思います。

「やりなさい」ではなく「一緒にやろう」という子育て

家庭での指導の仕方は、「やりなさい」といった口だけの指示はよくありません。

ポイントは、**親が一緒にやろう**という姿勢が大切です。

一番よいのは、「一緒にやろう」と言って、子どもと一緒にやろうとする指導者の姿を見せること。それが効果的です。

お手本になる子どもを見せてあげることも、効果的です。

課題のある子というのは、「やりたくない」じゃないんです。気持ちの切り替えができないから、やれない場合が多いんですね。

「これならできそう」「ママとならできそう」「○○先生となら一緒にやる」というような見通しや、やる気をもたせるような支援がベストです。

とはいえ、残念ながら学校や園って、先生の数が少ない。

前述の児童発達支援サービスや放課後等デイサービスというのは、定員一〇人に対して、四、五人の先生がいます。

多くの大人がいて、良い姿や寄り添う姿を見せてあげるのはいいことです。幼少期には、特に必要なのかもしれません。


最後に私の話をしますね。

私は子どもの頃、プラレールの片づけができませんでした。

私の母親は、こんなふうに指導してくれました。

「一緒にやろう！」

そして、「私が魚釣りに行きたくない！」と言うと、私の父はこんなふうに声をかけてくれました。

「一緒にやろう！」

そして、足が遅く、鬼ごっこを嫌がる私を肩車して一緒に鬼ごっこしてくれた坪井先生はこう言いました。

「一緒にやろう！」

これらについては、前著『「特別支援教育」って何？』（ＷＡＶＥ出版刊）で詳しく記しましたが、そんな私に対し、寄り添ってくれる態度、姿勢があったから、今の私があるのです。本当に両親や、私を温かく受け入れ、認めてくれた先生たちに感謝です。

今度は私がそうした教育ができるよう、日本中に広がるように、そしてこの本を読んでくださる保護者の方たちの周りにも広がるようにがんばっていきたい。

そう、願っているのです。

園長先生に依頼して小学校へ手紙を書いてもらう有効性

私は、約二〇年の教員生活の中で、小学校一年生の担任を四回も経験させてもらいました。その中で「園からの引き継ぎがうまく行なわれていない」という感想をもつことが多くありました。原因を考えると以下のようなことが考えられます。

①紙切れ数枚では何もわからない

現在、幼稚園からは「指導要録」、保育園からも「保育記録」といった何らかの文書が小学校に届きますが、一通り目を通して読んでも何もわからないのです。
たとえば、「みんなと仲良く外で遊べました」「工作が大好きで輪飾りを積極的に作りました」など、限られたスペースにありきたりなことしか書かれていないのです。

②悪いことは書かない

先ほど園からは、一応引き継ぎの文書が一人ひとり小学校に届くと言いましたが、悪いことは何も書かれていないので、読んでも何を配慮してよいのかわかりません。これは、現在「開示請求」ができることになって、「保護者が万が一読んでも大丈夫なもの」となったためです。これは、園に限らず、小中学校も同じで、本当に知りたい配慮事項が書かれていないのです。診断名や手帳の有無、投薬などについてはまず記入されていません。

③三月末や四月の初めなどに届いてしっかりと読む時間がない

これは、少し言い訳になってしまいますが、小学校一年生の担任というのは、特に年度初めに膨大な事務作業があります。名簿作り、通信の作成、教室の掲示物等々。どうしても、引き継ぎの文書を読むところまで手がまわらないこともあるのです。

では、どうしたらよいか。
園長先生からのお手紙です。

これは、私が岐阜市のある小学校で一年生の担任を経験した時のエピソードです。
私は、二年連続の小学校一年生で、しかも学年主任を任されて、前年以上に慌ただしく事務作業に追われていました。そのときに、一通の手紙を教頭先生から渡されたのです。
「山内先生、○○幼稚園から要録が届いたけど、別に園長先生からの手紙が付いているぞ。一読してくれ！」と
一般的な挨拶の後に以下のような内容が書かれていました。

来年度小学校一年生でA君を担任する先生へ

以下の配慮をお願いします。

①席は一番前にするとよいこと
A君は、落ち着きがなく、どうしても注意されがちですが、注意をするとますます荒れます。机を四月当初から最前列にすることで、早めに声をかけてあげるようにしてあげてください。
②隣の席の子はやさしいお手本になる女の子にしてください
同じ園の中では、BさんやCさんを意図的に隣の席にしてきました。A君への理解もあり、教師の指示が聞き取れなくても、隣の手本をまねして動くことができる子です。

③ロッカーや靴箱はわかりやすい場所にする

何度指導しても、間違えて他の子のロッカーや靴箱に自分の物を入れてしまいます。はじめから、「一番下の角」など、出席番号に関係なく、わかりやすい場所にしてあげると、指導する担任の負担も減ります。

④入学式・始業式の練習

A君は、初めてのことや新しい環境に慣れることに時間が必要な子です。一度練習することで慣れるようになってきました。入学式や始業式についても、前日に一度練習する機会を設けていただけると、当日の指導がスムーズにいくと思います。

⑤保護者との懇談の機会を入学式後にすぐにもつこと

ここでは書き切れない様々な配慮事項等あります。お忙しい中ですが、新しく担任になった先生は、少しでも早い時期（できれば入学式後すぐ）に保護者との懇談の機会を設けてください。

このような具体的な配慮事項が、まだまだ書かれていました。

私は、すぐに対応しました。そうです。「園長先生からのお手紙」という、通常ではありえないことの中で、私は動いたのです。

この経験を活かして、現在、多くの保護者に「配慮してほしいことは園長先生にお願いして、小学校にお手紙を書いてもらうとよい」とアドバイスをしているのですが、どなたからも大好評です。

入学式と始業式の練習の依頼

先ほど、入学式や始業式の練習をしてもらえるということを述べました。

なぜ小学校は、このような配慮までしてくれるのでしょうか。

それは、学校としても式に全員で参加してほしいからです。そして、前日の練習をするだけで安心して式に参加してもらえるのであれば、学校としても安心だからです。

私は今までに、小学校初日の入学式の参加に失敗し、その後学校に慣れるまでに数カ月要したという事例をたくさん見てきています。本当に大変なことです。始めに成功させたほうが、学校も本人も保護者も結果として楽なのです。

特別支援が必要な子の多くは、初めてのことが苦手です。それは、見通しのないことへの不安や、今までの経験の中で成功体験が少ないことが主な原因です。

一度、式の練習をするだけで、「ああ、入学式ってこんなところでやるんだな」や「ここなら参加できそうだな」という見通しをもたせることができます。

加えて、「がんばって式に出られたら、その後でジイジたちとスシローに行ってお寿司を食べようね」などとがんばった後のご褒美を予告してあげることで、子どもの負担は大きく減ると考えます。

ただこのようなサービスは、学校のほうから提案されることは少ないと考えてよいでしょう。保護者の皆さんから学校にお願いをするようにしてください。

よりよい教育サービスは、保護者から求めないと始まらないことが多いのです。現在は通常の学級においても、発達障害のある児童・生徒が8・8%いると文部科学省が公表しています。学校からよりよい教育サービスを提供されることは、まずありません。対象の子どもが多く、手が回らないのです。

第6章

子どもたちに学力と社会性を身につけさせる工夫（療育教材の紹介）

教員の道から一歩外へ出てみると、学校以外でも様々な有効な療育が行なわれており、実際活用してみると、とても有効なものが多くありました。

この章では、私が活用した中で、大変効果があり、ぜひ皆さんにお勧めしたいものをご紹介したいと思います。

「すらら」学習支援システム

特別支援が必要な子どもたちにとって「学習支援」は、大きな課題であり、「どうしたら、わが子が進んで取り組んでくれるだろう？」と悩まれている方が多いと思います。

心理学的な立場から言わせてもらえれば、次の点が問題であると考えます。

①おもしろくない・楽しくない・興味がもてない

残念ながら、今でも本やプリント中心の学習（何十年前と変わらない学習スタイル）が主であり、特に読み書きが苦手な子にとっては、取り組む前から興味をもつことができない。

②できない・わからない・上達しない

割り算ができない子の多くは、かけ算や九九が身についていないことが原因とされていますが、三年生になると九九の復習まで戻ってもらえない（今、その子のつまずいている内容に戻って行なう支援が十分にない）。

③間違っていると×をつけられたり、レ印がつけられたりして意欲を失う

どうしても学習の評価が○×やレになり、加えて点数が低いと、やろうとする気持ちが萎えてしまう（たとえば、×やレばかりの真っ赤なテストが帰ってくること）。

そこで、私が推薦したい教材が「すらら」です。これは、私がかかわっている学習特化の放課後等デイサービスで積極的に導入しているものなんですが、とにかく、利用している子どものウケがいいんです。しかも、各家庭での契約もできるというのです。

では、何がいいのか？

まず、パソコンやタブレットを使い、画像と音声で問題が出題されます。加えて、課題にストーリー性があるので、楽しく学習が進められるのです。先ほどの①で話したような「おもしろくない・楽しくない・興味がもてない」といった課題をクリアした教材なのです。しかも、定期的に「すらカップ」などイベントも行なわれて、より意欲的にチャレンジする機会も設けられています。

次に、その子に合った学習を進められるという点が優れています（無学年方式のオンライン教材）。

通常、学習というと、その学年の学習を行ないます。しかし、この「すらら」は、その学年の学習ではなく、現在お子さんがつまずいている内容に戻って学習することができるプログラムになっているのです。

できないことをやらされるからやりたくない、という子どもたちにとって、「できることから始められる学習」はとても魅力的なものです。

さらに間違った場合も、学校で教えてくれる方法と同じ解き方で、キャラクターがやさしくアドバイスしてくれるのです。

現在この「すらら」は、国語、算数（数学）、理科、社会、英語の主要5教科について、高校三年生までの学習が行なえます（未就学用の内容もあります）。

ご興味のある方は、「すらら」もしくは、「すららネット」で検索してみてください。

「脳機能バランサー」を使ったアセスメントと訓練

子どもの発達を考えていくうえで、大切なことがアセスメントです。知能検査を希望しても「予約がとれない」「検査の実施に家族の理解が得られない」等、様々な問題が生じることがあります。

そこで、この「脳機能バランサー」です。ご家庭でも簡単に「発達年齢」を判定することができます。私のお勧めは、タブレットタイプです。パッケージ版もありますが、ダウンロード版のほうが安く経済的です（※無料の体験版もあります。一度お試しください）。

さらに、この「脳機能バランサー」は、気になる能力を高める訓練もできるのです。

保護者の方と相談をしていると、「知能検査をした後にＩＱが低いとは言われたものの、その後どうすればよいかという指導がない」「知能指数を高めることはできないのか？」といった相談をよく受けます。

「脳機能バランサー」を使ってください。ゲーム感覚で遊びながら訓練することができます。さらに、定期的に「発達年齢」を判定する機能を使えば、お子さんの知能の高まりも客観的に数値化されてわかります。

通常、知能検査は、一度行ったら一年間は同じテストを行なうことができません。問題を覚えてしまうからです。そんな中で、各家庭で簡単に毎日訓練ができる教材は、保護者の皆さんのニーズに合っていると思います。「脳機能バランサー」で検索してください。

「脳機能バランサー」は、子ども用で、二歳から中学生までを対象にしていますが、中学生以上を対象にした「高次脳機能バランサー」など、他の教材もいろいろあります。

「VRエモウ」を使ったSST

特別支援が必要な子どもにはSST（ソーシャル・スキル・トレーニング）が有効であるといわれています。それはなぜか？

様々な理由がありますが、その大きな理由の一つに、「観察学習が苦手」ということがあげられます。

読者の皆さんは、SSTなんて行なわなくても、一般の社会人として問題なく生きていくことができていますね。そうです。SSTなど行なわなくても、周りで叱られている人がいたら、自分は止めようとか、褒められ、評価されている人がいたら、自分もやろうと思えるのです。

しかし、特別支援が必要な子どもは、自分が体験しないとわからない、他の人が叱られていることを目の前で見ていても「先生は怒ると怖いなあ」「○○君叱られているなあ」と思うだけで、自分のこととしてなかなか置き換えることができないのです（※観察学習が苦手といわれています）。

だから特別支援教育の中で積極的にSSTを行なうのです。実際にその場を体験して、良い姿を褒めて強化していく療育の手法を使うのです。

ところが、先ほども述べたように、新しい環境や出会いが苦手な子どもたちが多くいます。さらには、コロナの流行により、様々な体験や交流が制限されてきています。

このままでは、豊かな体験型の学習が不足してしまうと考えます。

そこで、「VRエモウ」の登場です。

面接の練習や、コンビニの店員の体験など、VRの世界で実践的な体験を行なうことができます。人との直接的な接触もなく、飛沫感染の心配もないので安心して取り組めます。

新しい環境や人が苦手な子どもたちも「VRを使っている仮想の世界なんだ」と自身が教材を取り付けるときに理解しているので、積極的に活用しようとします。

ご興味のある方は、「VRエモウ」で検索していただければ見つけることができます。

「ステムボックス」のプログラミング学習の活用

よく保護者の皆さんから「ゲームばかりしている」「ゲームを止めろと言っても止めない」という相談を受けます。

確かにゲームはおもしろく作られており、依存性もあります。一度始めたら止められなくなるように仕組まれています。

指導としても「事前に約束を明確につくる」「約束が守れたらご褒美、守れなかったらペナルティー」などの方法が一般的で、実際に私もそうアドバイスしています。

しかし、私が放課後等デイサービスでかかわっている子どもたちの様子を見ていると、ゲームのせいばかりではないように思えてくるようになりました。

先日もハロウィンリース作りをしましたが、たくさんある飾り付けの中で自分が付けたい飾りを一生懸命選んで、予定の時間を過ぎてもグルーガンで付けている子をみかけました。

ビー玉を使った釘打ちゲーム（パチンコゲーム）の作成では、何度も試しながら、釘を打ち直し、100点や0点のコーナーを作っている子を見かけました。

たこ焼き器を使ったベビーカステラ作りでは、長い串を上手に使って、ホットケーキミックスが焦げ付かないように、何度もひっくり返して上手に作り上げる子がいました。

そうです。あの子たちは、実は、「ゲームよりもっと楽しいことを求めている」のではないか。「ゲームを止めることができないのではなく、他にすることがない」からではないかと。

そこで、ご紹介したいのが「ステムボックス」です。

この「ステムボックス」は、ものづくりの体験を通して、指先練習に加え、「順序立てて考える力」や「工夫する力」など、日常生活につながる力を育むことができます。具体的には、様々なブロック教材やプログラミングアプリを使い、身近にある題材をもとに、たくさんの活動事例を学ぶことができる教材です。

ご興味のある方は、「ステムボックス」で検索してみてください。現在は、放課後等デイサービスや児童発達支援などの事業所用の教材として使われています。

ここ最近は、一〇〇円ショップにも、優良な教材が多く販売されています。例えば、ダイソーでは、児童発達支援で使用できるボタンつけやひも結びを練習できるもの。細かな指先を使うアイロンビーズやミニブロックなど。お金をかけなくても、ちょっと視野を広げるだけで、たくさんの工夫された教材を見つけることができます。ご参考にしてください。

放課後等デイサービスの中での学習支援
パソコンやタブレットを使って意欲的に学ぶことができる

特別な高校（通信制サポート校の教室）
個別の学習スペースも確保されて安心して学べる明蓬館SNEC高等学校

付録

高等特別支援学校の入試問題

今回は、巻末付録として、「高等特別支援学校の入試問題」を載せました。

こちらは、大阪府のものですが、全国的にみて、選抜試験のある「高等特別支援学校」と呼ばれる学校では、ほぼ同じレベルの内容が出題されています。学力試験だけで合否が決まるわけではありませんが、少なくとも六割から七割ができないと難しいと考えます。

実際の入試は、学力試験に加えて、面接や作業等もあり、総合的な評価で合否が決まります。学習支援に加えて、自立訓練や日常の授業参加の仕方も重要になってきます。「中学三年生の卒業時にどこまでの力が必要なのか」がわかれば、今、何をしなくてはいけないのかがわかります。

ぜひ参考にしてください。

今回掲載した大阪府の問題は、ホームページで検索すれば簡単に見ることもできます。しかし、多くの都道府県では、ここまで公開されていません。そのような場合は、各都道府県教育委員会に問い合わせて「開示請求」をしてください。有料になりますが、コピーさせてもらえるはずです。

注意しなくてはいけないことは、若干、都道府県で出題傾向等に差があるということです。たとえば、

- 岐阜県では、作文を書く問題が出題されることが多い
- 大阪府では、英語の問題が出題されることがある
- 都道府県によっては、特別支援学校で問題が違うため、「出題問題の開示については、特別支援学校に直接尋ねてください」と教育委員会に言われてしまうことがあります。

このように、地域によって差があることを理解したうえで、早めに保護者から問い合わせることが重要と考えます。

学校によっては、担任に依頼すれば、入試問題を取り寄せてくれる場合もありますので、まずは、担任の先生に問い合わせてみるのもよいと思います。

受験番号《じゅけんばんごう》

合 計
/100

令和《れいわ》５年度《ねんど》

大阪府立知的障《おおさかふりつちてきしょう》がい高等支援学校職業学科《こうとうしえんがっこうしょくぎょうがっか》

適性検査問題《てきせいけんさもんだい》（筆答《ひっとう》）

【注意事項《ちゅういじこう》】

○ 「はじめなさい。」の放送《ほうそう》があるまで、問題用紙《もんだいようし》を開《ひら》いてはいけません。

○ 検査《けんさ》が終《お》わるまで、席《せき》を離《はな》れてはいけません。気分《きぶん》が悪《わる》くなったり、トイレに行《い》きたくなったりしたら、黙《だま》って手《て》をあげなさい。

○ 床《ゆか》に落《お》ちたものは、試験監督《しけんかんとく》が拾《ひろ》います。自分《じぶん》で拾《ひろ》ってはいけません。

○ 問題《もんだい》の内容《ないよう》に関《かん》する質問《しつもん》はできません。

○ 周《まわ》りの人《ひと》の解答《かいとう》を見《み》たり、聞《き》いたりしてはいけません。

○ 印刷《いんさつ》された文字《もじ》などが見《み》えにくいときや、ページが抜《ぬ》けているときなどは、黙《だま》って手《て》をあげなさい。

○ 問題用紙《もんだいようし》の端《はし》の網《あみ》かけ部分《ぶぶん》には、何《なに》も書《か》いてはいけません。

【検査《けんさ》の説明《せつめい》】

○ 検査時間《けんさじかん》は４０分間《ぶんかん》です。

○ 検査《けんさ》は、問題《もんだい》１から問題《もんだい》１０まであります。

○ 「はじめなさい。」の放送《ほうそう》があってから、はじめなさい。

○ 検査《けんさ》が終了《しゅうりょう》する５分前《ふんまえ》に、「あと５分《ふん》です。」と放送《ほうそう》があります。

○ 「やめなさい。」の放送《ほうそう》があれば、筆記用具《ひっきようぐ》を置《お》き、静《しず》かに待《ま》ちなさい。

○ 受験番号《じゅけんばんごう》の欄《らん》に、自分《じぶん》の受験番号《じゅけんばんごう》を書《か》きなさい。書《か》き終《お》わったら、筆記用具《ひっきようぐ》を置《お》き、「はじめなさい。」の放送《ほうそう》があるまで、静《しず》かに待《ま》ちなさい。

1．次《つぎ》の（1）～（3）の答《こた》えを、1字《じ》ずつ□の中《なか》に書《か》きなさい。

（1）　脇《わき》に挟《はさ》むなどして、体《からだ》の温度《おんど》を測《はか》るために使用《しよう》する、この器具《きぐ》の名前《なまえ》を**ひらがな**で書《か》きなさい。

たいおんけいの写真

著作権者の配慮から現時点での掲載を控えております。

1(1) /1

（2）　絵《え》の具《ぐ》を使《つか》って絵《え》を描《か》くとき、絵《え》の具《ぐ》を出《だ》して、水《みず》で溶《と》いたり、混《ま》ぜたりするために使用《しよう》する、この用具《ようぐ》の名前《なまえ》を**カタカナ**で書《か》きなさい。

パレットの写真

著作権者の配慮から現時点での掲載を控えております。

1(2) /1

（3）　次《つぎ》の①～③の漢字《かんじ》の読《よ》みを**ひらがな**で書《か》きなさい。

① 日直

1(3)① /2

② 友情

1(3)② /2

③ 自動販売機

1(3)③ /2

1 小計 /8

2．次《つぎ》の（1）、（2）の問《と》いに答《こた》えなさい。

（1）　次《つぎ》の①、②の文《ぶん》の［　　］に当《あ》てはまることばとして、最《もっと》も適《てき》しているものを［　　］の中《なか》から1つ選《えら》び、（　　）の中《なか》に○を書《か》きなさい。

①　学校《がっこう》から帰《かえ》ったら、まず宿題《しゅくだい》をします。
［　　］、お風呂《ふろ》に入《はい》って、晩《ばん》ご飯《はん》を食《た》べます。

（　　）それから	（　　）これでは
（　　）なぜなら	（　　）それには

2(1)①　/2

②　昨夜《さくや》から降《ふ》り続《つづ》いていた雨《あめ》は、昼過《ひるす》ぎにやっと止《や》みました。
［　　］、夕方《ゆうがた》になると、また雨《あめ》が降《ふ》りだしました。

（　　）ならびに	（　　）たとえば
（　　）けれども	（　　）なかでも

2(1)②　/2

（2）　次《つぎ》の**ことわざ**の［　　］に当《あ》てはまることばとして、正《ただ》しいものを［　　］の中《なか》から1つ選《えら》び、（　　）の中《なか》に○を書《か》きなさい。

「失敗《しっぱい》は［　　］のもと」

（　　）成長《せいちょう》	（　　）成功《せいこう》
（　　）上達《じょうたつ》	（　　）達成《たっせい》

2(2)　/2

2 小計　/6

3．次《つぎ》の文章《ぶんしょう》は、けんたさんとあきこさんの【会話《かいわ》】です。【会話《かいわ》】を読《よ》んで、（1）～（4）の問《と》いに答《こた》えなさい。

【会話《かいわ》】

けんた：昨日《きのう》、なにわ港《こう》に行《い》ってきたんだ。

あきこ：なにわ港《こう》って、船《ふね》の博物館《はくぶつかん》があるところだよね。

けんた：そうなんだ。船《ふね》の博物館《はくぶつかん》に行《い》って、いろいろな展示《てんじ》を見《み》たんだ。①とても印象《いんしょう》に残《のこ》ったのは、船《ふね》の操縦体験《そうじゅうたいけん》をしたことなんだ。本当《ほんとう》に操縦《そうじゅう》しているみたいでワクワクしたよ。

あきこ：それはとても面白《おもしろ》そうだね。

けんた：その後《あと》、船《ふね》の博物館《はくぶつかん》の近《ちか》くにあるレンガ博物館《はくぶつかん》にも行《い》ったんだよ。

あきこ：レンガ博物館《はくぶつかん》はどんな博物館《はくぶつかん》なの？

けんた：色々《いろいろ》な種類《しゅるい》のレンガが展示《てんじ》されていて、レンガの作《つく》り方《かた》も知《し》ることができるんだ。

あきこ：レンガはどうやって作《つく》られるの？

けんた：ねんどを原料《げんりょう》にして、それを型《かた》に入《い》れて大《おお》きな窯《かま》で焼《や》くんだよ。昔《むかし》、なにわ港《こう》で倉庫《そうこ》などを建《た》てるときに使《つか》ったレンガもそうやって作《つく》ったんだ。

あきこ：②レンガの原料《げんりょう》と作《つく》り方《かた》を初《はじ》めて知《し》ったよ。

けんた：そうだ！もうひとつ楽《たの》しいことをしたんだ。船《ふね》の博物館《はくぶつかん》に行《い》く前《まえ》に、港《みなと》めぐりの遊覧船《ゆうらんせん》に乗《の》ったんだ。遊覧船《ゆうらんせん》にはガイドの人《ひと》がいて、船《ふね》の種類《しゅるい》や港《みなと》の建物《たてもの》の役割《やくわり》を説明《せつめい》していたよ。それから、ガイドの人《ひと》は、海外《かいがい》からのお客《きゃく》さんに、最初《さいしょ》に日本語《にほんご》で「③ようこそ」とあいさつをして、その後《あと》、英語《えいご》でも言《い》っていたよ。

あきこ：いいね。私《わたし》も今度《こんど》行《い》ってみたいな。

－4－

(1)　下線部《かせんぶ》①について、けんたさんがとても印象《いんしょう》に残《のこ》ったことは何《なに》ですか。最《もっと》も適《てき》しているものを[　　]の中《なか》から1つ選《えら》び、(　　)に○を書《か》きなさい。

(　　)船《ふね》の博物館《はくぶつかん》に行《い》ったこと
(　　)船《ふね》の操縦体験《そうじゅうたいけん》をしたこと
(　　)レンガ博物館《はくぶつかん》でレンガの作《つく》り方《かた》を知《し》ったこと

3(1)　/2

(2)　下線部《かせんぶ》②について、けんたさんはレンガの原料《げんりょう》は何《なに》と説明《せつめい》していますか。**【会話《かいわ》】**から抜《ぬ》き出《だ》し、[　　]の中《なか》に答《こた》えを書《か》きなさい。

[　　　　　　]

3(2)　/2

(3)　下線部《かせんぶ》③の「**ようこそ**」を英語《えいご》にしたとき、最《もっと》も適《てき》しているものを[　　]の中《なか》から1つ選《えら》び、(　　)に○を書《か》きなさい。

(　　)Welcome《ウェルカム》
(　　)Thank you《サンキュー》
(　　)Goodbye《グッバイ》

3(3)　/3

(4)　けんたさんが訪《おとず》れた順番《じゅんばん》として、最《もっと》も適《てき》しているものを[　　]の中《なか》から1つ選《えら》び、(　　)に○を書《か》きなさい。

(　　)船《ふね》の博物館《はくぶつかん》→レンガ博物館《はくぶつかん》→港《みなと》めぐりの遊覧船《ゆうらんせん》
(　　)港《みなと》めぐりの遊覧船《ゆうらんせん》→レンガ博物館《はくぶつかん》→船《ふね》の博物館《はくぶつかん》
(　　)レンガ博物館《はくぶつかん》→船《ふね》の博物館《はくぶつかん》→港《みなと》めぐりの遊覧船《ゆうらんせん》
(　　)港《みなと》めぐりの遊覧船《ゆうらんせん》→船《ふね》の博物館《はくぶつかん》→レンガ博物館《はくぶつかん》

3(4)　/3

3 小計　/10

4．次《つぎ》の（1）、（2）の問《と》いに答《こた》えなさい。

（1）　次《つぎ》の①～⑤の計算《けいさん》をし、□の中《なか》に答《こた》えを書《か》きなさい。

4(1)①　/1

①　1 8 7 ＋ 1 2 5 ＝ □

4(1)②　/1

②　4 8 － 2 9 ＝ □

4(1)③　/1

③　3 4 × 6 ＝ □

4(1)④　/2

④　9 6 ÷ 1 6 ＝ □

4(1)⑤　/2

⑤　1 5 2 3 ＋ 2 3 9 7 ＝ □

（2）　次《つぎ》の①、②の□の中《なか》に四則計算《しそくけいさん》の記号《きごう》（＋、－、×、÷）を書《か》き、式《しき》を完成《かんせい》させなさい。

4(2)①　/1

①　9 □ 3 ＋ 3 8 ＝ 6 5

4(2)②　/2

②　2 1 □ 3 □ 6 － 2 ＝ 1 1

4 小計　/10

5．次《つぎ》の立体《りったい》は、同《おな》じ大《おお》きさの立方体《りっぽうたい》を17個《こ》積《つ》んだものです。

← は、この立体《りったい》を見《み》る方向《ほうこう》を示《しめ》しています。

（1）、（2）の問《と》いに答《こた》えなさい。

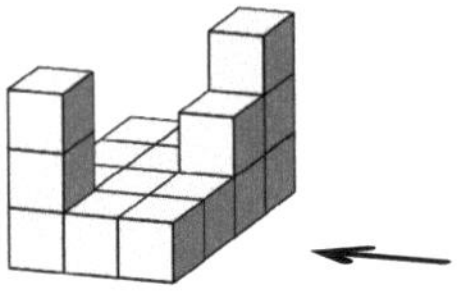

（1）　この立体《りったい》を、■の面《めん》が正面《しょうめん》になるように ← の方向《ほうこう》から見《み》ます。このとき、この立体《りったい》はどのように見《み》えますか。最《もっと》も適《てき》しているものを ［　　］ の中《なか》から１つ選《えら》び、（　　）の中《なか》に○を書《か》きなさい。

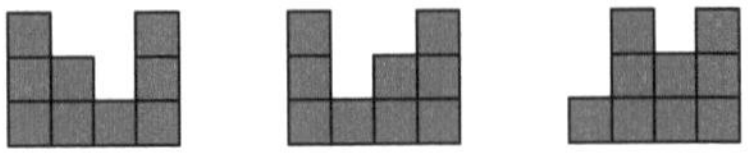

（　　）　（　　）　（　　）

（2）　この立体《りったい》から３個《こ》の立方体《りっぽうたい》を取《と》り除《のぞ》きました。このときの立体《りったい》を表《あらわ》したものとして、最《もっと》も適《てき》しているものを ［　　］ の中《なか》から１つ選《えら》び、（　　）に○を書《か》きなさい。

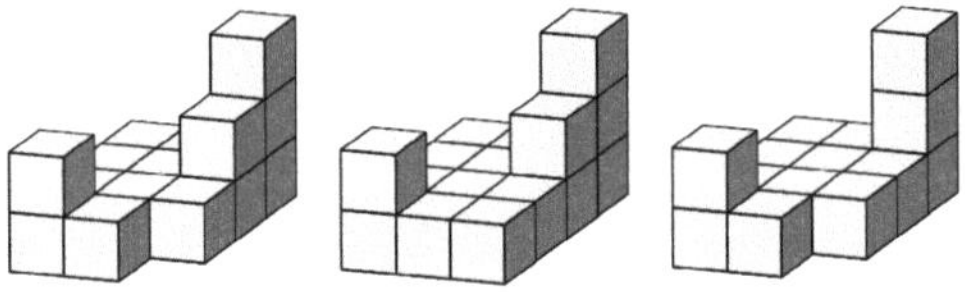

（　　）　（　　）　（　　）

5(1) /4

5(2) /4

5 小計 /8

6．ようすけさんは、家《いえ》の近所《きんじょ》にある自然公園《しぜんこうえん》でよく野鳥《やちょう》を見《み》かけるので、月《つき》に一度《いちど》、その公園《こうえん》で野鳥《やちょう》の観察《かんさつ》をすることにしました。次《つぎ》の【表《ひょう》】は、各月《かくつき》に確認《かくにん》された野鳥《やちょう》の数《かず》を、種類《しゅるい》ごとに記録《きろく》したものです。【表《ひょう》】を見《み》て、（1）～（4）の問《と》いに答《こた》えなさい。

【表《ひょう》】

	4月《がつ》	5月《がつ》	6月《がつ》	7月《がつ》	8月《がつ》	9月《がつ》
ハト（羽《わ》）	14	63	15	17	12	24
ツバメ（羽《わ》）	2	3	1	3	1	0
スズメ（羽《わ》）	3	4	20	5	4	5
モズ（羽《わ》）	0	0	0	0	0	0

	10月《がつ》	11月《がつ》	12月《がつ》	1月《がつ》	2月《がつ》	3月《がつ》
ハト（羽《わ》）	7	10	2	11	22	32
ツバメ（羽《わ》）	0	0	0	0	0	0
スズメ（羽《わ》）	2	10	25	2	0	20
モズ（羽《わ》）	0	1	1	1	1	1

（1）　【表《ひょう》】より、6月《がつ》において、最《もっと》も多《おお》く確認《かくにん》された野鳥《やちょう》は何《なに》ですか。□の中《なか》に答《こた》えを書《か》きなさい。

6(1)　/2

（2）　【表《ひょう》】より、確認《かくにん》されたハト、ツバメ、スズメ、モズの数《かず》の合計《ごうけい》が最《もっと》も少《すく》ない月《つき》は何月《なんがつ》ですか。□の中《なか》に答《こた》えを書《か》きなさい。

月

6(2)　/3

（3）　【表《ひょう》】から読《よ》み取《と》れる内容《ないよう》を記《しる》したものとして、最《もっと》も適《てき》しているものを［　　　］の中《なか》から１つ選《えら》び、（　　）の中《なか》に○を書《か》きなさい。

（　　）【表《ひょう》】より、ツバメは９月《がつ》～３月《がつ》に確認《かくにん》された。
（　　）【表《ひょう》】より、ハトは１年間《ねんかん》を通《とお》して、毎月確認《まいつきかくにん》された。
（　　）【表《ひょう》】より、モズは４月《がつ》～８月《がつ》に確認《かくにん》された。

（4）　ようすけさんは、この【表《ひょう》】の４月《がつ》～11月《がつ》のスズメの記《き》録《ろく》をもとにして、【グラフ】を書《か》きます。完成《かんせい》したグラフを表《あらわ》したものとして、最《もっと》も適《てき》しているものを［　　　］の中《なか》から１つ選《えら》び、（　　）に○を書《か》きなさい。

【グラフ】スズメの観察記録《かんさつきろく》（４月《がつ》～11月《がつ》）

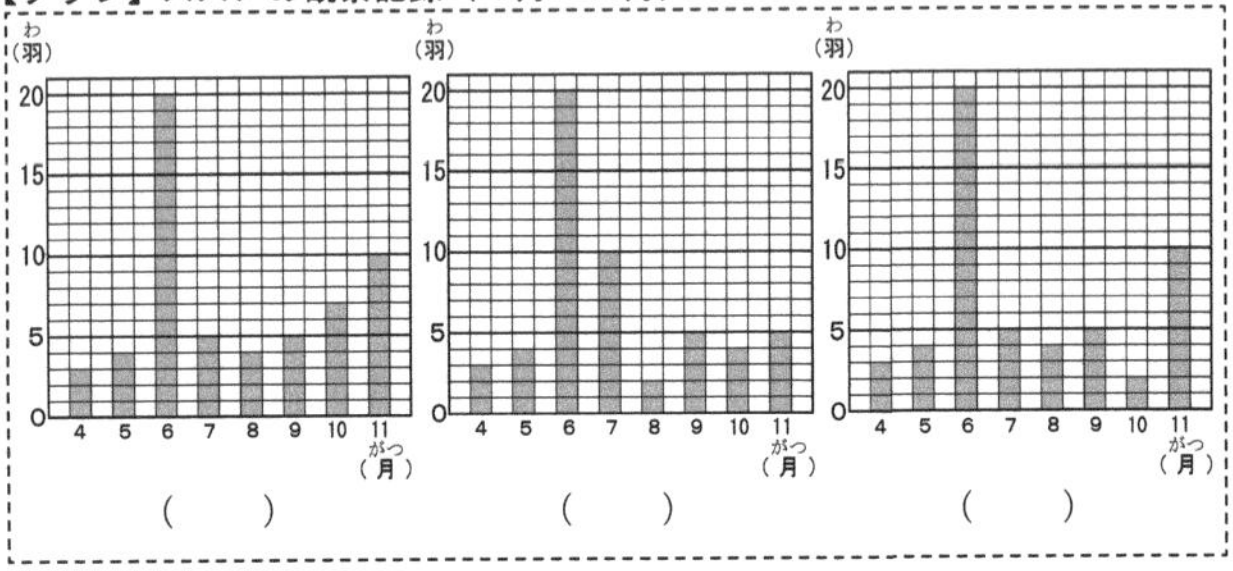

6(3)　/3

6(4)　/4

6小計　/12

7．次《つぎ》の【予定表《よていひょう》】は、ゆうこさんが通《かよ》う学校《がっこう》の令和《れいわ》５年《ねん》10月《がつ》の行事《ぎょうじ》予定表《よていひょう》です。（１）～（４）の問《と》いに答《こた》えなさい。

【予定表《よていひょう》】

令和《れいわ》５年《ねん》10月《がつ》					
日《にち》	曜日《ようび》	行事《ぎょうじ》	日《にち》	曜日《ようび》	行事《ぎょうじ》
1	日《にち》		17	火《か》	演劇鑑賞会《えんげきかんしょうかい》（10:40～11:50）
2	月《げつ》	全校集会《ぜんこうしゅうかい》（１限《げん》め）	18	水《すい》	
3	火《か》		19	木《もく》	
4	水《すい》		20	金《きん》	
5	木《もく》		21	土《ど》	
6	金《きん》	体育祭準備《たいいくさいじゅんび》	22	日《にち》	
7	土《ど》	体育祭《たいいくさい》（16:30下校《げこう》）	23	月《げつ》	
8	日《にち》		24	火《か》	
9	月《げつ》	スポーツの日《ひ》	25	水《すい》	校外学習《こうがいがくしゅう》（8:00登校《とうこう》）
10	火《か》	代休日《だいきゅうび》	26	木《もく》	進路面談《しんろめんだん》①
11	水《すい》	教育相談《きょういくそうだん》①	27	金《きん》	進路面談《しんろめんだん》②
12	木《もく》	教育相談《きょういくそうだん》②	28	土《ど》	
13	金《きん》	地震避難訓練《じしんひなんくんれん》（２限《げん》め）	29	日《にち》	
14	土《ど》		30	月《げつ》	読書週間《どくしょしゅうかん》
15	日《にち》		31	火《か》	授業参観《じゅぎょうさんかん》（５限《げん》め）
16	月《げつ》	あいさつ運動週間《うんどうしゅうかん》（～27日《にち》）			

【連絡《れんらく》】＊17日《にち》 演劇鑑賞会《えんげきかんしょうかい》 10:40開始《かいし》 11:50終了《しゅうりょう》

＊読書週間《どくしょしゅうかん》は10月《がつ》30日《にち》から学校《がっこう》が休《やす》みの日《ひ》も含《ふく》めて10日間《とおかかん》です。学校《がっこう》が休《やす》みの日《ひ》も読書《どくしょ》をしましょう。

【注意《ちゅうい》】＊□のように、枠《わく》の中《なか》に色《いろ》がぬってある日《ひ》は学校《がっこう》は休《やす》みです。

＊（○○：○○登校《とうこう》）（○○：○○下校《げこう》）と書《か》いてある場合《ばあい》は、登校時刻《とうこうじこく》、下校時刻《げこうじこく》がいつもと異《こと》なるので注意《ちゅうい》しましょう。

（1）　10月1日《がつついたち》（日《にち》）～10月31日《がつ にち》（火《か》）までの間《あいだ》で、学校《がっこう》が休《やす》みの日数《にっすう》の合計《ごうけい》は何日《なんにち》ですか。□の中《なか》に答《こた》えを書《か》きなさい。

日

7(1) /2

（2）　**演劇鑑賞会**《えんげきかんしょうかい》について、**開始**《かいし》から**終了**《しゅうりょう》までの時間《じかん》は、何時間何分《なんじかんなんぷん》ですか。□の中《なか》に答《こた》えを書《か》きなさい。

時間　分

7(2) /3

（3）　**読書週間**《どくしょしゅうかん》の終了日《しゅうりょうび》はいつですか。最《もっと》も適《てき》しているものを□の中《なか》から1つ選《えら》び、（　）に○を書《か》きなさい。

（　）11月1日《がつついたち》（水《すい》）　（　）11月6日《がつむいか》（月《げつ》）
（　）11月8日《がつようか》（水《すい》）

7(3) /3

（4）　ゆうこさんは、**体育祭**当日《たいいくさいとうじつ》、下校時刻《げこうじこく》からちょうど10分後《ぶんご》に学校《がっこう》を出《で》て家《いえ》に向《む》かいました。そして、ゆうこさんは、学校《がっこう》を出《で》てからちょうど5分後《ふんご》に家《いえ》に着《つ》きました。ゆうこさんが家《いえ》に着《つ》いた時刻《じこく》を表《あらわ》している時計《とけい》として、最《もっと》も適《てき》しているものを□の中《なか》から1つ選《えら》び、（　）に○を書《か》きなさい。

（　）　（　）　（　）　（　）

7(4) /4

7小計 /12

8．次《つぎ》の【価格表《かかくひょう》】は、あるイベントの座席《ざせき》チケットの価格《かかく》と、イベントの関連《かんれん》グッズの価格《かかく》についてまとめたものです。次《つぎ》の【価格表《かかくひょう》】を見《み》て、（1）～（4）の問《と》いに答《こた》えなさい。

【価格表《かかくひょう》】

座席《ざせき》チケット、関連《かんれん》グッズの価格一覧《かかくいちらん》（税込《ぜいこみ》）

	指定席《していせき》	自由席《じゆうせき》
前売《まえう》りチケット	800円《えん》	600円《えん》
当日《とうじつ》チケット	850円《えん》	650円《えん》

【説明《せつめい》】前売《まえう》りチケットは、イベントの前日《ぜんじつ》まで買《か》うことができます。
当日《とうじつ》チケットは、イベントが行《おこな》われる日《ひ》にのみ買《か》うことができます。

関連《かんれん》グッズの種類《しゅるい》	価格《かかく》
クリアファイル	240円《えん》
キーホルダー	340円《えん》
ハンドタオル	380円《えん》

【説明《せつめい》】関連《かんれん》グッズは、当日《とうじつ》に会場《かいじょう》にて販売《はんばい》します。
【特典《とくてん》】指定席《していせき》の前売《まえう》りチケットを買《か》った人《ひと》は、全《すべ》ての関連《かんれん》グッズの価格《かかく》が１つあたり 50円《えんび》引きになります。

（1）　**自由席《じゆうせき》**の**当日《とうじつ》チケット**を購入《こうにゅう》するときの硬貨《こうか》の組《く》み合《あ》わせとして、最《もっと》も適《てき》しているものを［　　］の中《なか》から1つ選《えら》び、（　　）に○を書《か》きなさい。

（　　）100円硬貨《えんこうか》6枚《まい》、10円硬貨《えんこうか》4枚《まい》
（　　）500円硬貨《えんこうか》1枚《まい》、100円硬貨《えんこうか》1枚《まい》
（　　）500円硬貨《えんこうか》1枚《まい》、100円硬貨《えんこうか》1枚《まい》、50円硬貨《えんこうか》1枚《まい》

8(1)　/2

（2）　**指定席《していせき》**の**当日《とうじつ》チケット**の価格《かかく》と**自由席《じゆうせき》**の**前売《まえう》りチケット**の価格《かかく》を比《くら》べると、価格《かかく》の差《さ》は何円《なんえん》ですか。［　　］の中《なか》に答《こた》えを書《か》きなさい。

［　　　　　　円］

8(2)　/2

（3）　けいこさんは、**指定席《していせき》**の**前売《まえう》りチケット**を1枚買《まいか》い、さらに、イベント当日《とうじつ》に**クリアファイル**を1つ買《か》いました。代金《だいきん》は合計《ごうけい》でいくらですか。［　　］の中《なか》に答《こた》えを書《か》きなさい。

［　　　　　　円］

8(3)　/3

（4）　かいとさんは、イベント当日《とうじつ》、1500円《えん》を持《も》ってイベント会場《かいじょう》へ向《む》かいました。かいとさんは、まず、関連《かんれん》グッズのうち、**キーホルダー**と**ハンドタオル**を1つずつ買《か》いました。そして、まだ座席《ざせき》チケットを購入《こうにゅう》していなかったので、関連《かんれん》グッズを買《か》った残《のこ》りの金額《きんがく》で座席《ざせき》の**当日《とうじつ》チケット**を1枚買《まいか》いました。残《のこ》った金額《きんがく》は何円《なんえん》になりますか。［　　］の中《なか》に答《こた》えを書《か》きなさい。

［　　　　　　円］

8(4)　/5

8 小計　/12

9．次《つぎ》の【地図《ちず》】を見《み》て、（1）～（4）の問《と》いに答《こた》えなさい。

なお、図《ず》の中《なか》の ⌂ は、かずきさんの自宅《じたく》の場所《ばしょ》を、－・－▶

－－－▶ ………▶ は、かずきさんの自宅《じたく》から市立図書館《しりつとしょかん》までの道順《みちじゅん》を表《あらわ》しています。

【地図《ちず》】

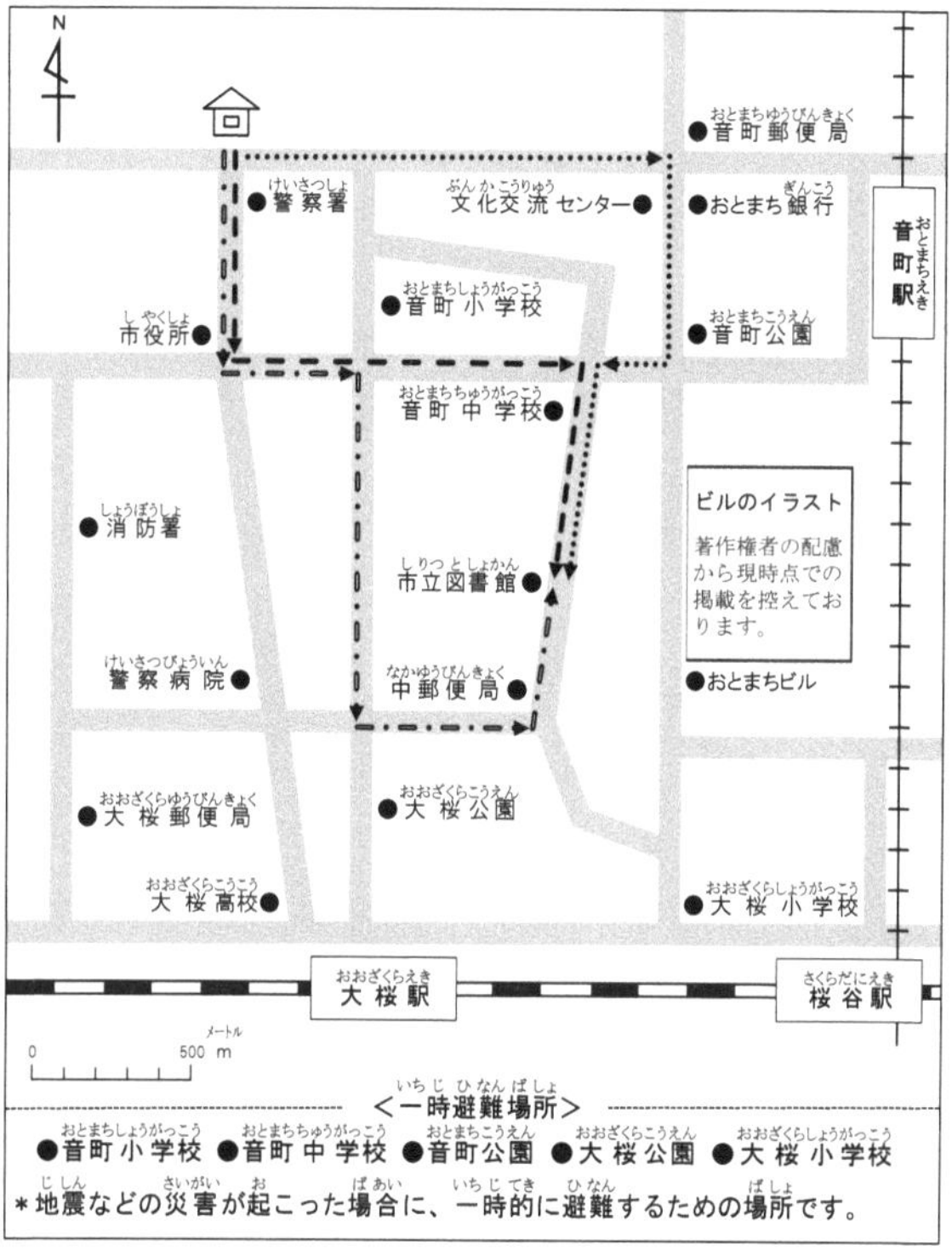

<一時避難場所《いちじひなんばしょ》>

●音町小学校《おとまちしょうがっこう》 ●音町中学校《おとまちちゅうがっこう》 ●音町公園《おとまちこうえん》 ●大桜公園《おおざくらこうえん》 ●大桜小学校《おおざくらしょうがっこう》

＊地震《じしん》などの災害《さいがい》が起《お》こった場合《ばあい》に、一時的《いちじてき》に避難《ひなん》するための場所《ばしょ》です。

（1）　**【地図《ちず》】**から読《よ》み取《と》れる内容《ないよう》を記《しる》したものとして、最《もっと》も適《てき》しているものを［　　］の中《なか》から１つ選《えら》び、（　　）に○を書《か》きなさい。

（　　）郵便局《ゆうびんきょく》が３か所《しょ》、駅《えき》が３か所《しょ》、公園《こうえん》が３か所《しょ》ある。
（　　）郵便局《ゆうびんきょく》が２か所《しょ》、駅《えき》が２か所《しょ》、公園《こうえん》が２か所《しょ》ある。
（　　）郵便局《ゆうびんきょく》が３か所《しょ》、駅《えき》が３か所《しょ》、公園《こうえん》が２か所《しょ》ある。

9(1)　/2

（2）　かずきさんの自宅《じたく》から最《もっと》も近《ちか》い**一時《いちじ》避難《ひなん》場所《ばしょ》**の名前《なまえ》を□の中《なか》に書《か》きなさい。

［　　　　　　　　］

9(2)　/3

（3）　**おとまちビル**から南西《なんせい》の方向《ほうこう》にあるものとして、最《もっと》も適《てき》しているものを［　　］の中《なか》から１つ選《えら》び、（　　）に○を書《か》きなさい。

（　　）おとまち銀行《ぎんこう》　　（　　）大桜駅《おおざくらえき》
（　　）大桜小学校《おおざくらしょうがっこう》　　（　　）警察署《けいさつしょ》

9(3)　/3

（4）　次《つぎ》の□の中《なか》の文《ぶん》を読《よ》み、かずきさんが通《とお》った道順《みちじゅん》として、最《もっと》も適《てき》しているものを［　　］の中《なか》から１つ選《えら》び、（　　）に○を書《か》きなさい。

かずきさんは自宅《じたく》から歩《ある》いて、**市立図書館《しりつとしょかん》**に向《む》かいます。まず、南《みなみ》の方向《ほうこう》に向《む》かって歩《ある》き、**市役所《しやくしょ》**が右《みぎ》に見《み》える交差点《こうさてん》を左《ひだり》に曲《ま》がりました。そのまま、まっすぐ歩《ある》いて、**音町中学校《おとまちちゅうがっこう》**が右《みぎ》に見《み》える交差点《こうさてん》を右《みぎ》に曲《ま》がりました。しばらくまっすぐ歩《ある》くと、**市立図書館《しりつとしょかん》**に到着《とうちゃく》しました。

（　　）－・－▶　　（　　）－－－▶　　（　　）………▶

9(4)　/4

9 小計　/12

10. これまでの学校生活《がっこうせいかつ》の中《なか》で、あなたの心《こころ》に残《のこ》っている一番《いちばん》の思《おも》い出《で》は何《なに》ですか。その思《おも》い出《で》と、そのように思《おも》う理由《りゆう》を、80字《じ》以上《いじょう》100字《じ》以内《いない》で書《か》きなさい。

ただし、書《か》き出《だ》しや段落《だんらく》を変《か》えたときの空欄《くうらん》、「、」や「。」などもそれぞれ1字《じ》と数《かぞ》えます。

ここから、横書《よこが》きで書《か》きなさい。

80

100

問題はここまでです。

10 小計
/10

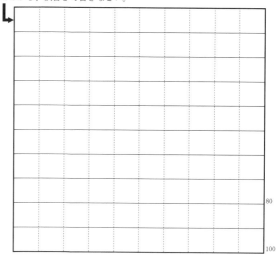

令和5年度　大阪府立知的障がい高等支援学校職業学科
適性検査問題（筆答）解答例及び配点

大問番号	出題の内容	小計	小問番号	配点	解答例	採点基準及び部分点など
1	名称をひらがなやカタカナで正しく書く。 日常生活で使われる簡単な漢字を読む。	8	(1)	1	たいおんけい	＊ 全てのマスにひらがな、カタカナが1字ずつ書いてあるものを採点対象とする。 ＊ (2)「ッ」(3)①「っ」「ょ」②「ょ」は、他の文字と比べて小さい場合に正解とする。
			(2)	1	パレット	
			(3)①	2	にっちょく	
			(3)②	2	ゆうじょう	
			(3)③	2	じどうはんばいき	
2	適切な助詞や接続詞を用いて文を完成させる。 日常生活で使われる簡単な慣用句やことわざを完成させる。	6	(1)①	2	(○) それから　( ) これでは ( ) なぜなら　( ) それには	
			(1)②	2	( ) ならびに　( ) たとえば (○) けれども　( ) なかでも	
			(2)	2	( ) 成長　(○) 成功 ( ) 上達　( ) 達成	
3	文章を読み、内容を順序立て構成する。 状況に応じた文章を読み取る。	10	(1)	2	( ) 船の博物館に行ったこと (○) 船の操縦体験をしたこと ( ) レンガ博物館でレンガの作り方を知ったこと	
			(2)	2	ねんど	
			(3)	3	(○) Welcome ( ) Thank you ( ) Goodbye	
			(4)	3	( ) 船の博物館 → レンガ博物館 → 港めぐりの遊覧船 ( ) 港めぐりの遊覧船 → レンガ博物館 → 船の博物館 ( ) レンガ博物館 → 船の博物館 → 港めぐりの遊覧船 (○) 港めぐりの遊覧船 → 船の博物館 → レンガ博物館	
4	四則計算の意味を理解し、簡単な計算を行う。	10	(1)①	1	312	＊ (1)①～⑤はアラビア数字、漢数字を正解とする。 ＊ (2)①、②は記号のみを正解とする。
			(1)②	1	19	
			(1)③	1	204	
			(1)④	2	6	
			(1)⑤	2	3920	
			(2)①	1	×	
			(2)②	2	÷、＋	
5	示された図形や立体図等から、形の特徴や違い、位置関係をとらえる。	8	(1)	4	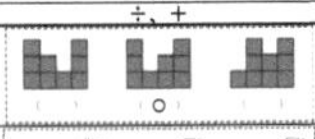	
			(2)	4	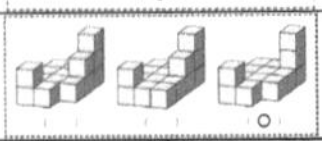	
6	示された表やグラフなどの特徴や全体の傾向を読み取る。	12	(1)	2	スズメ	＊ (1)はひらがな、カタカナを正解とする。 ＊ (2)はアラビア数字、漢数字を正解とする。
			(2)	3	10（月）	
			(3)	3	( ) 【表】より、ツバメは9月～3月に確認された。 (○) 【表】より、ハトは1年間を通して、毎月確認された。 ( ) 【表】より、モズは4月～8月に確認された。	
			(4)	4	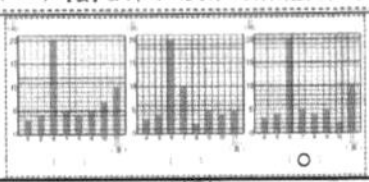	
7	スケジュール表などの情報を読み取り、予定をたてる。	12	(1)	2	10(日)	＊ (1)、(2)はアラビア数字、漢数字を正解とする。
			(2)	3	1(時間)10(分)	
			(3)	3	( ) 11月1日（水）　( ) 11月6日（月） (○) 11月8日（水）	
			(4)	4		
8	示された条件で目的に合わせ、金銭の使い方を考える。	12	(1)	2	( ) 100円硬貨6枚、10円硬貨4枚 ( ) 500円硬貨1枚、100円硬貨1枚 (○) 500円硬貨1枚、100円硬貨1枚、50円硬貨1枚	＊ (2)～(4)はアラビア数字、漢数字を正解とする。
			(2)	2	250（円）	
			(3)	3	990（円）	
			(4)	5	130（円）	
9	地図などから必要と考える情報を読み取り、各自の日常生活に照らし合わせ活用を考える。	12	(1)	2	( ) 郵便局が3か所、駅が3か所、公園が3か所ある。 ( ) 郵便局が2か所、駅が2か所、公園が2か所ある。 (○) 郵便局が3か所、駅が3か所、公園が2か所ある。	＊ (2)はひらがなも正解とする。
			(2)	3	音町小学校	
			(3)	3	( ) おとまち銀行《ぎんこう》　(○) 大桜駅《おおざくらえき》 ( ) 大桜小学校《おおざくらしょうがっこう》　( ) 警察署《けいさつしょ》	
			(4)	4	( ) -・-・→　(○) - - -→　( ) ・・・・・・→	
10	示された条件にそって自分の考えや気持ちを文章で表現する。	10		10		＊ 10点満点とし、以下の観点で採点する。 ○ 内容：8点 ○ 文字数：1点 ○ 文字表記・文法等：1点
合計		100		100		

受験番号《じゅけんばんごう》

令和《れいわ》５年度《ねんど》

大阪府立《おおさかふりつ》知的障《ちてきしょう》がい高等支援学校職業学科《こうとうしえんがっこうしょくぎょうがっか》

適性検査問題《てきせいけんさもんだい》（作業《さぎょう》）

【注意事項《ちゅういじこう》】

○　「はじめなさい。」の放送《ほうそう》があるまで、問題用紙《もんだいようし》を開《ひら》いてはいけません。

○　検査《けんさ》が終《お》わるまで、席《せき》を離《はな》れてはいけません。気分《きぶん》が悪《わる》くなったり、トイレに行《い》きたくなったりしたら、黙《だま》って手《て》をあげなさい。

○　床《ゆか》に落《お》ちたものは、試験監督《しけんかんとく》が拾《ひろ》います。自分《じぶん》で拾《ひろ》ってはいけません。

○　問題《もんだい》の内容《ないよう》に関《かん》する質問《しつもん》はできません。

○　周《まわ》りの人《ひと》の解答《かいとう》を見《み》たり、聞《き》いたりしてはいけません。

○　印刷《いんさつ》された文字《もじ》などが見《み》えにくいときや、ページが抜《ぬ》けているときなどは、黙《だま》って手《て》をあげなさい。

【検査《けんさ》の説明《せつめい》】

○　検査時間《けんさじかん》は１０分間《ぷんかん》です。

○　検査《けんさ》は、問題《もんだい》１と問題《もんだい》２があります。

○　「はじめなさい。」の放送《ほうそう》があってから、はじめなさい。

○　検査《けんさ》が終了《しゅうりょう》する１分前《ぷんまえ》に、「あと１分《ぷん》です。」と放送《ほうそう》があります。

○　「やめなさい。」の放送《ほうそう》があれば、作業《さぎょう》をやめて、静《しず》かに待《ま》ちなさい。

○　問題用紙《もんだいようし》とシールシートの受験番号《じゅけんばんごう》の欄《らん》に、自分《じぶん》の受験番号《じゅけんばんごう》を書《か》きなさい。書《か》き終《お》わったら、筆記用具《ひっきようぐ》を置《お》き、「はじめなさい。」の放送《ほうそう》があるまで、静《しず》かに待《ま》ちなさい。

1．次《つぎ》の【作業《さぎょう》】を、下《した》の【表《ひょう》】を見《み》て行《おこな》いなさい。

【作業《さぎょう》】

右《みぎ》の【作業欄《さぎょうらん》】に、下《した》の【例《れい》】のように、【表《ひょう》】に示《しめ》す、それぞれの**数字**《すうじ》に対応《たいおう》する**ひらがな**を、枠《わく》からはみ出《だ》さないように書《か》きなさい。

たとえば、【例《れい》】では、**数字**《すうじ》が 10 であるので**ひらがな**の**い**を書《か》きます。

【例《れい》】

数字《すうじ》	→	ひらがな
10	→	い

【表《ひょう》】

数字《すうじ》	→	ひらがな
1、2、3、4、5、6、7、8、9、10、11	→	い
12、13、14、15、16、17、18、19、20、21、22	→	ろ
23、25、27、29、31、33、35、37、39	→	は
24、26、28、30、32、34、36、38、40	→	に
41、42、43、44、45、46	→	ほ
この表《ひょう》には無《な》い数字《すうじ》	→	へ

【作業欄《さぎょうらん》】

数字《すうじ》	→	ひらがな
14	→	
41	→	
37	→	
18	→	
36	→	
8	→	
48	→	
22	→	
30	→	
25	→	
26	→	
9	→	
16	→	
4	→	
46	→	

数字《すうじ》	→	ひらがな
32	→	
24	→	
23	→	
33	→	
39	→	
19	→	
28	→	
2	→	
44	→	
15	→	
35	→	
31	→	
20	→	
12	→	
7	→	

数字《すうじ》	→	ひらがな
11	→	
34	→	
21	→	
29	→	
47	→	
3	→	
5	→	
50	→	
40	→	
27	→	

2．次《つぎ》の【**作業**《さぎょう》】を行《おこな》いなさい。

【作業《さぎょう》】

右《みぎ》の【**作業欄**《さぎょうらん》】に、下《した》の【**例**《れい》】のように、**作業**《さぎょう》（1）、（2）を行《おこな》いなさい。

作業《さぎょう》（1）　上下《じょうげ》もしくは左右《さゆう》の枠《わく》の中《なか》の**数字**《すうじ》を比《くら》べ、**数字**《すうじ》が大《おお》きい方向《ほうこう》に向《む》けて、**シールシート**の**矢印**《やじるし》のシールを枠《わく》からはみ出《だ》さないように貼《は》りなさい。

作業《さぎょう》（2）　全《すべ》ての枠《わく》の中《なか》の**数字**《すうじ》を比《くら》べ、最《もっと》も大《おお》きい**数字**《すうじ》を中央《ちゅうおう》の枠《わく》に、枠《わく》からはみ出《だ》さないように書《か》きなさい。

【例《れい》】作業《さぎょう》（1）

作業《さぎょう》（1）

この場合《ばあい》は、上下《じょうげ》の枠《わく》の中《なか》の**数字**《すうじ》1と2を比《くら》べ、2のほうが大《おお》きいので、**矢印**《やじるし》のシールを下向《したむ》きに貼《は》る。

作業《さぎょう》（2）

この場合《ばあい》は、全《すべ》ての枠《わく》の中《なか》の**数字**《すうじ》1、2、3、4を比《くら》べ、最《もっと》も大《おお》きい**数字**《すうじ》である4を書《か》く。

【例《れい》】作業《さぎょう》（2）

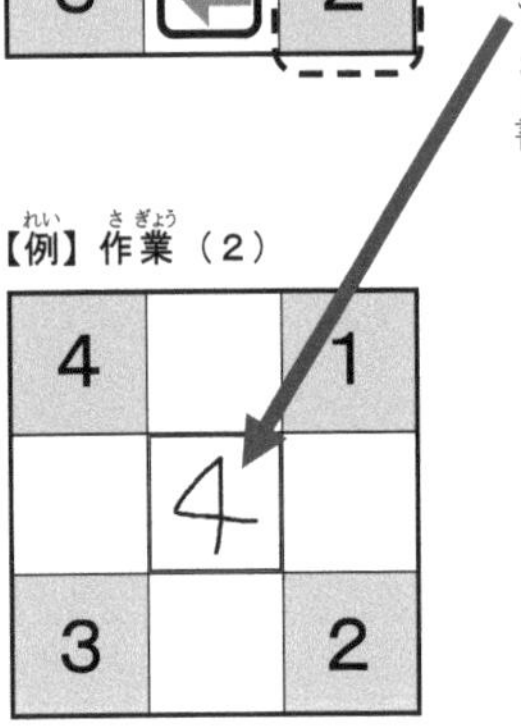

【作業完了の例《さぎょうかんりょうれい》】

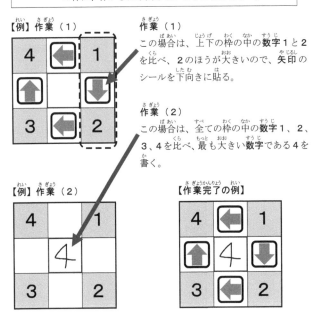

【作《さ》業《ぎょう》欄《らん》】

25		20
13		23

4		10
21		6

15		16
18		26

5		1
27		29

3		11
14		8

12		17
19		9

30		12
21		22

15		6
25		23

17		16
28		11

4		19
14		13

7		20
3		5

27		10
8		9

おわりに

私は、特別支援教育の専門家として、多くの保護者の皆さんや教育・福祉関係者の方々とお話をする機会があります。

話の中で、最も関心の高い内容が「進路について」です。

私の話を聞いた方々は皆さん、「知らなかった！」「知ってよかった！」と感嘆の声をあげられます。

目先の支援だけでは、将来大きな〝ツケ〟がまわってきます。

大切なことは、「将来を見据えた〝今〟の療育」なのです。

本書では、日本全国の情報を取り上げていますが、行政、各自治体での取り組みが若干変わってきているところがあるかもしれません。

読者の皆さんにおかれましては、本書の内容をもとに各園・各学校、各関係機関とよく相談・確認をして、今後の療育に活かしていってください。

なお、私は（一般社団法人）障がい児成長支援協会の代表理事・協会長として、日本全国の福祉事業のお手伝いをしながら、各地で講演会を行なっています。

また愛知県内では、株式会社グロートラスの取締役として、放課後等デイサービスから、生活介護、通信制高校などの経営にも携わっています。

さらに、中部学院大学では、大学の非常勤講師として教壇に立っています。

「教育」と「福祉」、そして「医療」に、継続的かつ包括してかかわっているからこそ語れることがあると思っています。

本書を通して、保護者の皆さんと子どもたちが、明るい未来と将来の見通しがもてるきっかけになればうれしく思います。

また、教育現場の先生方や福祉関係の職員の皆さんには、将来の展望とともに、計画的・継続的な療育を進めていくことの重要性を知っていただく機会になれば幸いです。

山内康彦

はじめまして。ペンネームkam mosquitoです。

イラストのキャラクターをデザインしたのは私です。

ぼくは、特別支援学級で自分の出来る事を

一生けん命がんばってます。

絵を描くことが大好きです。

Instagramもみて下さい。

Instagram

山内康彦（やまうち・やすひこ）

学校心理士SV（スーパーバイザー）。1968年岐阜県生まれ。岐阜大学教育学部卒業。岐阜大学大学院教育学研究科修了。岐阜大学大学院地域科学研究科修了。岐阜県の教員を20年務めた後、教育委員会で教育課長補佐となり、就学指導委員会や放課後子ども教室等を担当。その後、学校心理士とガイダンスカウンセラーの資格を取得。現在は一般社団法人障がい児成長支援協会の代表理事を務めながら、学会発表や全国での講演活動を積極的に行なっている。中部学院大学非常勤講師。株式会社グロー・トラス取締役教育局長。明蓬館SNEC高等学校愛知・江南（グロー高等学院）顧問。元日本教育保健学会理事。

特別支援教育が専門の学校心理士SVだから知っている
改訂新版　特別支援が必要な子どもの進路の話

2024年9月24日　第1版第1刷発行

著　　者　山内康彦
編集協力　近藤由美
イラスト　kam mosquito
デザイン　幅雅臣
発 行 所　WAVE出版
〒102-0074 東京都千代田区九段南3-9-12
TEL 03-3261-3713 FAX 03-3261-3823
振替 00100-7-366376
E-mail info@wave-publishers.co.jp
http://www.wave-publishers.co.jp
印刷・製本　株式会社マツモト

NDC378 202p 19cm
ISBN978-4-86621-493-1 C0037